Giuseppe Lubrino

Introduzione al pensiero di Joseph Ratzinger:

Giuseppe Lubrino

Introduzione al pensiero di Joseph Ratzinger:

una paideia cristiana

Edizioni Sant'Antonio

Cover image: www.ingimage.com

Publisher:
Edizioni Accademiche Italiane
is a trademark of
Dodo Books Indian Ocean Ltd. and OmniScriptum S.R.L publishing group

120 High Road, East Finchley, London, N2 9ED, United Kingdom
Str. Armeneasca 28/1, office 1, Chisinau MD-2012, Republic of Moldova, Europe
Printed at: see last page
ISBN: 978-613-8-39448-8

INDICE

A mia moglie Rosaria:

L'amore che mi doni ogni giorno è la fonte

da cui attingo la forza per affrontare la vita con coraggio e serenità.

Ringraziamenti

La presente trattazione si è sviluppata a partire dai miei colloqui con il direttore del comitato scientifico della redazione del *"Il Pensiero storico. Rivista internazionale di storia delle idee"*, il carissimo professore Danilo Breschi a cui va la mia stima e il mio ringraziamento per essere riuscito a realizzare questo umile manoscritto. Desidero esprimere la mia gratitudine anche ai docenti dell'ISSR. "G. Duns Scoto" di Nola-Acerra, per aver contribuito in maniera significativa alla mia formazione professionale e teologica, in particolare modo, i professori Alfonso Lanzieri, Claudio Fauci e Francesco Iannone. Ringrazio di vero cuore, infine, il mio amico fraterno Ferdinando Picarella per avermi incoraggiato e sostenuto dal punto di vista morale nella realizzazione di questo mio lavoro.

"Introduzione al pensiero di Joseph Ratzinger. Una paideia cristiana"

Giuseppe Lubrino

Facciamo dunque l'elogio degli uomini illustri,
dei nostri antenati per generazione.
Di altri non sussiste memoria;
svanirono come se non fossero esistiti;
furono come se non fossero mai stati,
loro e i loro figli dopo di essi.
Invece questi furono uomini virtuosi,
i cui meriti non furono dimenticati.
Nella loro discendenza dimora
una preziosa eredità. (Siracide 44,1.9-13*).*

INTRODUZIONE

Joseph Ratzinger – Benedetto XVI (1927-2022) è stato un pensatore poliedrico, acuto, ed è sicuramente da annoverare tra più grandi e illustri teologi del nostro tempo. È stato per tutta quanta la sua vita un innamorato di Gesù Cristo, della Madonna e della Sacra Scrittura. Presento questa mia riflessione sulla figura, il pensiero e sul patrimonio teologico, culturale e spirituale che ci ha lasciato il grande Joseph Ratzinger passato alla storia come il papa emerito Benedetto XVI lo scorso 31 dicembre 2022, data dell'incontro col suo Redentore. Ci proponiamo di rilevare come il tema dell'educazione sia stato uno dei punti cardini della sua attività speculativa. Egli, peraltro, ha compiuto uno sforzo costante e instancabile nell'tenere "insieme" le due anime della Teologia: *Tradizione e Progresso*, binomio che ben sintetizza il "cuore" della sua attività accademica e pastorale. Dinanzi a uomini e donne della sua statura culturale non possiamo fare a meno di riportare alla nostra memoria la celebre citazione di Bernardo di Chartres: "*Siamo come dei nani sulle spalle dei giganti*". Frase che pone in evidenza la ricchezza e la profondità del pensiero ratzingeriano. Tale riflessione, pertanto, non ha alcuna pretesa di esaustività e persegue l'obiettivo di estendere gli insegnamenti di Benedetto XVI ad un maggior numero di persone.

Si parte dalla convinzione che Ratzinger, in tutte le occasioni in cui si esprime sul tema dell'educazione, faccia riferimento (seppur quasi sempre in maniera implicita) al concetto di παιδεία, il quale affonda le sue radici nell'antichità classica e cristiana. Tale presupposto appare non temerario in quanto, in materia teologica, l'assenza di una dichiarazione esplicita sulla verità di un concetto, non necessariamente indica l'assenza del concetto stesso. Le posizioni di papa Benedetto XVI sono in piena sintonia con le tesi sostenute da Werner Jaeger nelle sue due opere fondamentali *La formazione dell'uomo greco* e *Cristianesimo primitivo e paideia greca* – l'opera di Jaeger, resta un testo obbligato per chiunque voglia avere un'idea più chiara e più precisa, riguardo al rapporto e alle istanze culturali che scaturirono dall'incontro tra il Cristianesimo antico e cultura greca – laddove, per Jaeger, la παιδεία rappresenta una sintesi mirabile tra la ricerca millenaria greca della verità sull'uomo e la possibilità di conoscerla ed incontrarla nella Persona di Gesù Cristo. Per il filologo tedesco la παιδεία è una traccia costante della formazione umana, in particolar modo dell'uomo greco, tuttavia, egli ritiene che la grecità classica costituisca un luogo privilegiato di formazione anche per l'umanità cristiana[1].

Egli mette in risalto, certo, come il Cristianesimo delle origini abbia subito una certa influenza dalla cultura del tardo Giudaismo; inoltre, dopo la scoperta dei Rotoli del Mar Morto, si è potuto individuare anche una certa affinità tra il Cristianesimo primitivo e la setta degli Esseni. Malgrado ciò, è grazie alla cultura greca che il κήρυγμα cristiano riuscì a valicare i confini geografici della Palestina e a penetrare nel mondo antico dominato dalla cultura e dalla lingua greca per condurre la sua missione[2]. Jaeger pone alla base dell'incontro tra Cristianesimo primitivo e cultura greca un'esigenza di missione. Un secondo aspetto che viene messo in evidenza è che, già al tempo degli Apostoli, è possibile cogliere una prima forma di ellenismo cristiano nell'uso della lingua greca, riscontrabile negli scritti del Nuovo Testamento, ed esso si protrae fino all'epoca dei Padri apostolici. È chiaro che con l'utilizzo della lingua greca penetrò, all'interno del pensiero cristiano, tutto un mondo di concetti, di metafore ereditate, di categorie del pensiero, di sottili sfumature di significato.

A tal riguardo risulta assai significativo anche il contributo di Simonetti il quale nella sua opera *Cristianesimo antico e cultura greca* mette bene in evidenza come il passaggio dalla παιδεία greca a quella cristiana sia stato tutt'altro che un processo indolore ed abbia caratterizzato l'intera riflessione teologica dei secoli II-VII. L'incontro tra Cristianesimo antico e παιδεία greca si sviluppò e lo si può dividere fondamentalmente in due posizioni principali:

a) autori cristiani che vedono nella cultura greca elementi necessari da utilizzare perché la fede cristiana sia chiarificata, difesa, raffinata, presentata con credibilità al mondo e funga da supporto ai credenti affinché possanoraggiungere il fine ultimo della loro vocazione, che è la

---

[1] Cfr. W. JAEGER, *Cristianesimo primitivo e paideia greca*, a cura di A. Valvo, Bompiani, Milano 2013, pp.1-2.

[2] W. JAEGER, *op.cit.*, p.13.

salvezza in Cristo;

b) autori che vedono, invece, nella cultura greca la radice di ogni deformazione della fede e perciò stesso ne rifiutano gli apporti.

> Ritengo perciò che sia più nel giusto chi vede nell'ellenizzazione del messaggio cristiano non la sua deformazione dovuta all'influsso della cultura greca, bensì il risultato di un processo di adattamento, processo inevitabile e naturale, ancorché molto laborioso e sofferto, in quanto svoltosi dialetticamente fra tensioni fortissime, al fine di cercare da una parte gl'indispensabili agganci col mondo circostante e di rilevare dall'altra la novità dei contenuti e perciò l'identità stessa della nuova comunità[3].

Simonetti, inoltre, ci informa che la παιδεία cristiana raggiunge il suo massimo splendore con Clemente e, in special modo, con Origene – entrambi della scuola Alessandrina – e successivamente ancor di più coi padri Cappadoci (Basilio, Gregorio di Nissa, Gregorio di Nazianzo). Questi autori, infatti, vedono nella cultura greca uno strumento indispensabile per lo studio, l'approfondimento, la comprensione della Sacra Scrittura e, quindi, anche della diffusione del Cristianesimo. Nella loro visione la παιδεία svolge nel cuore dell'uomo una sorta di attività propedeutica all'accoglienza del messaggio cristiano ed è fonte di educazione per i catecumeni alla loro vita di fede oltre che una costante esortazione alla pratica delle virtù. Malgrado ciò, essi non mancano di mettere in guardia che occorre prendere solo ciò che è buono dalla cultura greca (Cf. 1Tes 5,21), tralasciando ciò che può indurre all'errore.

---

[3] M. SIMONETTI, *Cristianesimo antico e cultura greca*, Edizioni Borla 2010, p. 8.

I CAPITOLO

Le Fonti del pensiero di Joseph Ratzinger (I Padri della chiesa)

Joseph Ratzinger ha sempre rivendicato la perenne attualità e impronta educativa degli insegnamenti della Sacra Scrittura e del pensiero dei Padri della Chiesa. Essi, hanno il merito di aver sempre conferito, alla loro riflessione teologica-pastorale, un valore prettamente esistenziale. Teologia e vita sono sempre stati congiunti nel pensiero biblico e patristico e tale acquisizione è una costante nella visione ratzingeriana. La fede cristiana, è recepita dal papa emerito, come un vero e proprio itinerario di educazione alla conoscenza del mistero di Cristo e dell'uomo che parte e si chiarisce dall'incontro fecondo tra la cultura greca e la Bibbia.

Emblematico è il passo su San Basilio Magno:

> Come le api sanno trarre dai fiori il miele, a differenza degli altri animali che si limitano al godimento del profumo e del colore dei fiori, così anche da questi scritti... si può ricavare qualche giovamento per lo spirito. Dobbiamo utilizzare quei libri seguendo in tutto l'esempio delle api. Esse non vanno indistintamente su tutti i fiori, e neppure cercano di portar via tutto da quelli sui quali si posano, ma ne traggono solo quanto serve alla lavorazione del miele, e tralasciano il resto. E noi, se siamo saggi, prenderemo da quegli scritti quanto si adatta a noi, ed è conforme alla verità, e lasceremo andare il resto» [...] «Mentre gli altri beni... passano da questo a quello come nel gioco dei dadi, soltanto la virtù è un bene inalienabile, e rimane durante la vita e dopo la morte»[4].

Un atteggiamento, dunque, di apertura, accoglienza, ma al tempo stesso di prudenza che il Cristianesimo è chiamato ad avere nei riguardi della cultura greca. Il Cristianesimo, accogliendo gli apporti della filosofia greca, ha ereditato un'idea di educazione volta a formare integralmente l'uomo a partire da un ideale e non dall'individuo. L'ideale a cui fa costante riferimento la παιδεία cristiana è Gesù Cristo stesso, Maestro perfetto, Signore, Salvatore del mondo, Λόγος dell'Universo cui i credenti sono chiamati, in forza del battesimo e dei sacramenti dell'iniziazione cristiana,

---

[4] BENEDETTO XVI, *Catechesi sui padri della chiesa.* Da Clemente Romano a Gregorio Magno. Libreria editrice Vaticana, Città Nuova 2008, pp. 73-74.

ad incorporarsi totalmente, conformando il loro agire al suo. Il rapporto proficuo e fecondo tra Cristianesimo antico e cultura greca è indice elevato di civiltà e di maturità completa dell'umano; ciò non svilisce affatto la grande originalità del messaggio cristiano contenuto nel Vangelo, bensì la rafforza e gli dona nuovo vigore.

In questa prospettiva si inserisce l'intervento tenuto dall'allora cardinal Joseph Ratzinger all'convegno della CEI il 9 novembre 2002: "Comunicazione e Cultura: Nuovi percorsi per l'evangelizzazione nel terzo millennio"[5]. Ci si interrogava, appunto, su quali vie la Chiesa in Italia potesse percorrere per annunciare la fede cristiana in maniera credibile e abitare così i luoghi della nostra cultura attuale:

> La dissoluzione della famiglia e del matrimonio, i crescenti attacchi alla vita umana ed alla sua dignità, la riduzione della fede a realtà soggettiva e la conseguente secolarizzazione della coscienza pubblica così come la frammentazione e la relativizzazione dell'ethos ci mostrano questo in modo oltremodo chiaro[6].

Come è stata sempre sua consuetudine con sguardo lungimirante e lucidità di pensiero il cardinal Joseph Ratzinger formulò la sua proposta:

> Il vangelo in una certa misura presuppone la cultura, non la sostituisce, ma la plasma. Nel mondo greco al nostro concetto di cultura corrisponde quale termine più adeguato la parola paideia - educazione nel senso più alto, in quanto conduce l'uomo alla vera umanità; i latini hanno espresso la stessa cosa con la parola eruditio: l'uomo viene di-rozzato, viene formato quale vero essere umano. In questo senso il vangelo è per sua natura paideia - cultura, ma in questa educazione dell'uomo si unisce a tutte le forze, che si propongono di configurare l'essere umano come essere comunitario[7].

La forza trasformante del vangelo ha da sempre elevato e purificato tutto quanto concorre al bene dell'uomo e della collettività. Il Dio Crocifisso e Risorto ci predispone alla relazione, la quale si costituisce di due linee: asimmetrica con Dio e simmetrica con il prossimo. Il Dio della rivelazione giudeo-cristiana così come un vasaio plasma e scolpisce la sua

---

[5] Saggi e Ricerche, *Nuova Umanità XXV (2003/1) 145*, pp.45-53.

[6] Loc.cit.

[7] Loc.cit.

opera, ci educa, in maniera graduale alla relazionalità disponendo il nostro cuore all'accoglienza della totalità dell'altro. L'educazione, peraltro, investe tutte le dimensioni dell'umano essa si dipana a più livelli: cognitivo, intellettuale, affettivo. Così facendo la persona umana ha modo di crescere e maturare, di essere 'liberata' da ogni pregiudizio aprioristico sul prossimo e sulla realtà circostante. Tali sono gli effetti della redenzione operata dal Signore:

> In primo luogo direi che, se volessimo veramente sintetizzare al massimo il contenuto della fede fondata nella Bibbia, potremmo dire: il Signore ha iniziato con noi una storia d'amore e vuole riassumere in essa l'intera creazione. L'antidoto al male che minaccia noi e il mondo intero ultimamente non può che consistere nel fatto che ci abbandoniamo a questo amore. Questo è il vero antidoto al male. La forza del male nasce dal nostro rifiuto dell'amore a Dio. È redento chi si affida all'amore di Dio. Il nostro non essere redenti poggia sull'incapacità di amare Dio. Imparare ad amare Dio è dunque la strada per la redenzione degli uomini[8].

Nella visione ratzingeriana annunciare la fede significa rendere le comunità ecclesiali delle vere e proprie "oasi dello spirito" entro cui agli uomini e alle donne del nostro tempo è dato di fare un'esperienza di incontro autentico con il Signore. Ratzinger propone, dunque, un atteggiamento di apertura nei confronti della nostra cultura ma invita ad effettuare una 'selezione'. Nel fare ciò si rifà nuovamente agli insegnamenti di San Basilio magno padre della Chiesa che ai suoi tempi visse una situazione analoga alla nostra nel confronto con la cultura greca:

> Il santo evoca il profeta Amos, cita la Bibbia dei LXX: "Io ero uno, che taglia i sicomori". Basilio presuppone nel suo commentario ad Is. 9, 10 questa prassi, infatti egli scrive: "Il sicomoro è un albero, che produce moltissimi frutti. Ma non hanno alcun sapore, se non li si incide accuratamente e non si lascia fuoriuscire il loro succo, cosicché divengano gradevoli al gusto[9].

Coltivare, recidere, curare per estrarre fuori il meglio dell'umano. Ratzinger utilizza in maniera suggestiva questa immagine biblica e

---

[8] BENEDETTO XVI, Che cos'è il Cristianesimo? Quasi un testamento spirituale. A cura di Elio Guerriero e Georg Gänswein, Mondadori, pp. 165-166.

[9] Saggi e Ricerche, *Nuova Umanità XXV (2003/1) 145*,op.cit. ibd.

patristica per indicare quale atteggiamento il cristianesimo può assumere nei riguardi della cultura laica: tenere ciò che è buono, nobilita e tutela la dignità della persona umana.

> La fede cristiana è aperta a tutto ciò che di grande, vero e puro vi è nella cultura del mondo, come Paolo ha ben espresso nella lettera ai Filippesi: "Tutto quello che è vero, nobile, giusto, puro, amabile, onorato, quello che è virtù e merita lode, tutto questo sia oggetto dei vostri pensieri" (4,8). Paolo si riferisce qui certamente innanzitutto agli elementi essenziali della concezione morale stoica, che egli riteneva si avvicinasse al cristianesimo, ma in generale a tutto quello che di grande vi era nella cultura greco-romana. Ciò che egli ha detto in quell'ambiente, vale universalmente[10].

Tali presupposti sono alla base della presente trattazione, in quanto riteniamo che una nuova fioritura della παιδεία cristiana possa essere per la Chiesa e la società odierna un valido strumento affinché sia realizzato e vissuto il nuovo umanesimo e la Chiesa possa portare avanti la sua missione con credibilità fino alla παρουσία del Signore.

Quanto sostenuto da Jaeger e Simonetti riteniamo che sia ben chiaro e presente anche nel pensiero ratzingeriano e venga messo magistralmente in risalto, in modo del tutto speciale, nella lezione che tenne all'Università di Regensburg nel 2006, sul rapporto tra *fides et ratio*. Il rapporto tra fede e ragione costituisce un altro punto importante nel pensiero di papa Benedetto XVI: l'educazione cristiana contribuisce fortemente a far sì che il dialogo tra fede e ragione cresca, si fortifichi e realizzi pienamente l'uomo. Il culmine del processo educativo della παιδεία è l'aiuto fornito all'uomo perché apprenda a essere pienamente tale, pertanto, per individuare la pedagogia di Ratzinger è necessario illustrare la visione antropologica che ne è alla base. L'antropologia ratzingeriana, inoltre, vuole essere un tentativo di riportare alla luce la stessa antropologia biblica, ponendo al culmine del processo apprenditivo dell'uomo il cuore quale sede intima e sacrale del suo processo gnoseologico. Una prima caratteristica della παιδεία cristiana è l'interiorità, in quanto l'uomo dal suo essere interiore e grazie alla funzione della coscienza può scoprire la sua finitudine ed acquisire la consapevolezza di essere abitato dal λόγος divino. A tal proposito, risulta interessante presentare brevemente il legame tra

---

[10] Loc.cit.

Ratzinger e il grande Agostino d'Ippona. Benedetto XVI ritiene che la figura e la conversione di sant'Agostino, costituisca per la Chiesa di oggi e per l'uomo odierno un vero e proprio modello di conversione, autentico, attuale e valido; soprattutto perché la conversione agostiniana si presenta come un itinerario spirituale e interiore attraverso cui il santo, nella sua inesauribile ricerca della Verità, giunge infine a scoprire che la Verità che egli cercava non era molto distante da lui, essendo egli abitato nel suo intimo dalla Verità stessa, che è Gesù Cristo, Λόγος eterno.

Per Agostino – e quindi anche per il papa – perché l'uomo possa apprendere di essere abitato nel suo intimo dal Λόγος eterno, è necessario che tenga sempre insieme due dimensioni fondamentali del suo essere: fides et ratio, le quali costituiscono per lui le due forze che lo conducono alla conoscenza. Crede ut intelligas ("credi per comprendere") e intellige ut credas ("comprendi per credere").

È a partire da questa tensione, che l'uomo prende poi coscienza della presenza misteriosa, profonda e vicina al contempo, di Dio nel suo intimo[11].

Ratzinger eredita da sant'Agostino i migliori tesori del sapere teologico, antropologico e filosofico.

> Sant'Agostino commenta che «Dio ci coltiva come un campo per renderci migliori». Dio ha un progetto per i suoi amici, ma purtroppo la risposta dell'uomo è spesso orientata all'infedeltà, che si traduce in rifiuto. L'orgoglio e l'egoismo impediscono di riconoscere e di accogliere persino il dono più prezioso di Dio: il suo Figlio unigenito [...]. Dio consegna se stesso nelle nostre mani, accetta di farsi mistero insondabile di debolezza e manifesta la sua onnipotenza nella fedeltà[12].

Dio ci 'coltiva' con la stessa premura con cui un agricoltore coltiva il suo campo per renderci concretamente e pienamente umani. Tale immagine

---

[11] J. RATZINGER, Sant'Agostino spiegato dal papa, a cura di G. Vigini, Libreria Editrice Vaticana, Città del Vaticano 2010, pp.20-25.

[12] A. FIGLIUZZI, Dal cuore di Sant'Agostino alle labbra di Benedetto XVI, Antologia in onore del Papa emerito nel suo 70° anniversario di sacerdozio, edizioni Cantagalli 2021, p. 58.

è di un elevato spessore pedagogico: ci è possibile cogliere come tra il Creatore (Dio) e la creatura (umanità) si instaura una vera e propria 'relazione' educativa. Dio ha un progetto per ogni uomo affinché 'accogliendo' e 'praticando' gli insegnamenti del Verbo incarnato diventa pienamente umano.

In tale processo siamo invitati a coltivare un'armonia tra fede e ragione perché tramite ciò ci rendiamo 'disponibili' ad accogliere il progetto che Dio ha in serbo per noi. Occorre una predisposizione d'animo favorevole perché l'azione salvante ed educante della Parola di Dio produca i suoi effetti nel nostro cuore. In ciò Ratzinger ci propone una chiave interpretativa valida che ci consente di leggere l'intera storia della salvezza in questa prospettiva.

In Sant'Agostino la 'relazione' è una categoria fondamentale per spiegare il mistero di Dio e il mistero dell'uomo. Ratzinger coglie nella riflessione agostiniana l'analogia tra il Dio uno e Trino e la dimensione relazionale che è un '*proprium*' della natura umana:

> Nello stesso tempo, l'immensa gioia che ci procurano il pensiero, l'ammirazione e la lode della Santissima Trinità, fonda e sostiene l'impegno concreto di ispirarci a tale modello perfetto di comunione nell'amore per costruire le nostre relazioni umane di ogni giorno. La Trinità è veramente comunione perfetta! Come cambierebbe il mondo se nelle famiglie, nelle parrocchie e in ogni altra comunità i rapporti fossero vissuti seguendo sempre l'esempio delle tre Persone divine, in cui ognuna vive non solo con l'altra, ma per l'altra e nell'altra![13]

L'essere umano ha bisogno di appendere il sentimento dell'empatia per affinare la propria capacità relazionale. Ciò è possibile solo se si è disposti a porsi alla scuola della Parola del Maestro divino. In tal senso Ratzinger propone a partire dal pensiero agostiniano una vera e propria scuola dello spirito si veda questo testo:

> Sant'Agostino paragona la meditazione sui misteri di Dio all'assimilazione del cibo e usa un verbo che ricorre in tutta la tradizione cristiana: «ruminare»; i misteri di Dio

[13] A. FIGLIUZZI, Op. Cit. edizioni Cantagalli 2021, p. 52.

cioè vanno continuamente fatti risuonare in noi stessi perché ci diventino familiari, guidino la nostra vita, ci nutrano come avviene con il cibo necessario per sostenerci. E san Bonaventura, riferendosi alle parole della Sacra Scrittura dice che «vanno sempre ruminate per poterle fissare con ardente applicazione dell'animo» (Coll. In Hex, ed. Quaracchi 1934, p. 218). Meditare quindi vuol dire creare in noi una situazione di raccoglimento, di silenzio interiore, per riflettere, assimilare i misteri della nostra fede e ciò che Dio opera in noi; e non solo le cose che vanno e vengono[14].

Il nostro processo di apprendimento di educazione alla fede per dirsi compiuto, dunque, necessità che noi impariamo ad 'assimilare' in noi stessi, nella nostra interiorità la Parola che ci guida e ci ammaestra sulla via del bene e della giustizia, del perdono e dell'amore. Ratzinger pone in un rapporto intrinseco la Parola con la fede da cui ne scaturisce un criterio di interpretazione fondamentale per l'ermeneutica dell'esegesi biblica e ciò lo fa rifacendosi – come è sua consuetudine – agli insegnamenti dei Padri della Chiesa e dei dottori della fede:

> San Bonaventura afferma a questo proposito che senza la fede non c'è chiave di accesso al testo sacro: «Questa è la conoscenza di Gesù Cristo, da cui hanno origine, come da una fonte, la sicurezza e l'intelligenza di tutta la sacra Scrittura. Perciò è impossibile che uno possa addentrarsi a conoscerla, se prima non abbia la fede infusa di Cristo, che è lucerna, porta e anche fondamento di tutta la Scrittura»[15]. E san Tommaso d'Aquino, menzionando sant'Agostino, insiste con forza: «Anche la lettera del vangelo uccide se manca l'interiore grazia della fede che sana» (Summa Theologiae, Ia-IIae, q. 106, art.2). Questo ci permette di richiamare un criterio fondamentale dell'ermeneutica biblica: il luogo originario dell'interpretazione scritturistica è la vita della Chiesa[16].

Luogo privilegiato per un'accoglienza autentica della Parola di Dio e per una sua retta comprensione resta, nella visione ratzingeriana, la Chiesa. Ciò, non esclude però che ogni essere umano uomo-donna che si accosti alla sorgente della Scrittura è chiamato ad operare un esercizio interiore personale perché la Parola possa svolgere la sua funzione educante e salvante in maniera efficace. Rimunerare la Parola nella propria interiorità è condizione imprescindibile perché si realizzi nel cuore dell'essere umano

---

[14] A. FIGLIUZZI, Op. Cit. edizioni Cantagalli 2021, pp.106-107.

[15] San Bonaventura, (Breviloquium, Prol.: Opera Omnia, V, Quaracchi 1891, pp. 201-202).

[16] A. FIGLIUZZI, Op. Cit. edizioni Cantagalli 2021, pp.122-123.

il processo educativo auspicato dal nostro autore. Degno di nota la seguente riflessione:

È bello sapere che c'è ancora un tesoro inesauribile e che ogni nuova generazione riscoprirà nuovi tesori e andrà avanti con la grandezza della Parola di Dio, che è sempre davanti a noi, ci guida ed è sempre più grande. È con questa consapevolezza che si deve leggere la Scrittura. Sant'Agostino ha detto: beve dalla fonte la lepre e beve l'asino. L'asino beve di più, ma ognuno beve secondo la sua capacità. Sia che siamo lepri o che siamo asini, siamo grati che il Signore ci faccia bere dalla sua acqua[17].

Ratzinger ci presenta anche la figura e l'opera di Clemente Alessandrino. Dell'Alessandrino ci sono rimaste fondamentalmente tre opere che papa Benedetto XVI definisce una trilogia: *Protrettico*, *Pedagogo*, *Stromati*. Nel *Protrettico* Gesù Cristo, Figlio di Dio, Logos eterno, si fa esortatore degli uomini affinché decisi intraprendano il sentiero della verità. Lo stesso Gesù, diviene poi il pedagogo, l'educatore per eccellenza, di tutti gli uomini che in forza del battesimo sono diventati figli di Dio. Infine, negli *Stromati* Gesù è il Maestro, il didascalo perfetto, che guida i credenti nella comprensione più profonda dei misteri di Dio. Cristo è il vero maestro che insegna gli uomini ad apprendere ad essere uomini e a conformare il loro essere e il loro agire all'essere e all'agire del Maestro divino.

Nel suo complesso, la catechesi clementina accompagna passo passo il cammino del catecumeno e del battezzato perché, con le due «ali» della fede e della ragione, essi giungano a un'intima conoscenza della Verità, che è Gesù Cristo, il Verbo di Dio. Solo questa conoscenza della Persona che è la Verità, è la «vera gnosi», l'espressione greca che sta per «conoscenza», per «intelligenza» [...]. Tale conoscenza, ci dice Clemente, diventa nell'anima una realtà vivente: non è solo una teoria, è una forza di vita, è una unione di amore trasformante. La conoscenza di Cristo non è solo pensiero, ma è amore che apre gli occhi, trasforma l'uomo e crea comunione con il Logos, con il Verbo divino che è Verità e Vita. In questa comunione, che è la perfetta conoscenza ed è amore, il cristiano raggiunge la contemplazione, l'unificazione con Dio[18].

---

[17] A. FIGLIUZZI, Op. Cit. edizioni Cantagalli 2021, pp.152-153.

[18] BENEDETTO XVI, Catechesi sui padri della chiesa. Da Clemente Romano a Gregorio Magno. Libreria editrice Vaticana, Città Nuova 2008, pp. 29-32.

Ratzinger dichiara che Clemente nella sua dottrina insegna che il fine dell'uomo è quello di divenire simile a Dio, ma questo solo ed esclusivamente grazie a Dio stesso. L'uomo, in quanto creato ad immagine e somiglianza di Dio, è orientato, appunto, dall'educazione a conformarsi all'agire di Cristo, e così realizza il suo fine ultimo. L'uomo è essenzialmente connaturale a Dio; tale connaturalità è il dono che ha ricevuto da Dio nel momento della creazione. Tuttavia, l'uomo necessita del cammino paideutico per riappropriarsi nuovamente di questo suo status originario che il peccato dei progenitori gli ha fatto perdere.

> Due virtù soprattutto ornano l'anima del «vero gnostico». La prima è la libertà dalle passioni (apátheia); l'altra è l'amore, la vera passione, che assicura l'intima unione con Dio. L'amore dona la pace perfetta, e pone «il vero gnostico» in grado di affrontare i più grandi sacrifici, anche il sacrificio supremo nella sequela di Cristo, e lo fa salire di gradino in gradino fino al vertice delle virtù. Così l'ideale etico della filosofia antica, cioè la liberazione dalle passioni, viene da Clemente ridefinito e coniugato con l'amore, nel processo incessante di assimilazione a Dio. In questo modo l'Alessandrino costruisce la seconda grande occasione di dialogo tra l'annuncio cristiano e la filosofia greca[19].

Clemente Alessandrino costituisce una pietra miliare per gli sviluppi della παιδεία cristiana nel Cristianesimo antico. Da ciò si può affermare che Ratzinger ha da sempre posto le fonti del suo pensiero nella Sacra Scrittura e nei Padri della Chiesa e quindi, per potere avere un'idea più chiara e precisa circa il suo concetto di educazione, il riferimento a tali fonti è obbligato. Dopo questo breve excursus nel suo pensiero circa i Padri della Chiesa, abbiamo messo in luce, come l'educazione nel suo pensiero affonda le sue radici principalmente nel concetto di παιδεία che caratterizzò la riflessione e l'opera dei Padri e degli Scrittori cristiani dei primi secoli e grazie quali si realizzò nel mondo antico un dialogo fruttuoso tra fides e ratio.

I Padri della Chiesa, dunque, avevano intuito bene come fosse inscindibile il rapporto tra fede e ragione: nel mondo antico essi elaborarono una visione completa della realtà, una παιδεία della fede, che

---

[19] Loc.Cit.

era in grado di risolvere le questioni fondamentali che abitavano il cuore dell'uomo. Essi, partendo dalla fede, attinsero molti elementi presenti nella filosofia platonica per rispondere ai quesiti che da sempre attanagliano il cuore dell'uomo: chi egli sia, da dove venga, dove sia diretto. Tale visione aveva delle forti ascendenze bibliche che permettevano di operare una lettura della filosofia alla luce della fede cristiana, attingendo dal platonismo tutto ciò che di buono, di vero e di ragionevole fosse presente. La "filosofia nostra" – così la chiamavano i Padri – non era un sistema di pensiero puramente razionale, ma una visione complessiva della realtà fatta alla luce della fede cristiana.

A questo punto si rende necessario rilevare come nel pensiero di Joseph Ratzinger occupa un posto speciale anche il tema della Liturgia e, in modo particolare, la Celebrazione del Mistero Eucaristico. Nelle pagine che seguono ci proponiamo di porre in evidenza come tale tema sia in relazione con la nostra trattazione sulla paideia cristiana.

Ratzinger nel 1999 pubblica l'opera: *"Introduzione allo spirito dalla Liturgia"*. Tale testo prende l'avvio da un'opera del teologo Romano Guardini (1885-1968) che nel 1918 scrisse, appunto, *"Lo spirito dalla Liturgia"* libro che diede un forte impulso in Germania al rinnovamento liturgico. Ratzinger con tale opera si propone di far riscoprire la ricchezza, la bellezza e la profondità della liturgia cristiana. Egli ci presenta l'azione liturgica come una vera e propria scuola dello spirito tramite cui gli uomini e le donne del nostro tempo possano essere ammaestrati per divenire totalmente e pienamente umani[20]. La liturgia diventa un *wi-fi* attraverso il quale è data ad ogni essere umano la possibilità di connettersi dalla terra al cielo. In tal senso Ratzinger propone una vera e propria *paideia* della fede e della vita. Partendo dalle istanze del Concilio Vaticano II e del Catechismo della Chiesa Cattolica, Ratzinger esorta tutti i fedeli a coltivare una partecipazione attiva al mistero eucaristico, a vincere e colmare il divario tra culto, rito ed esistenza a tal riguardo egli afferma:

La vera educazione, liturgica non può consistere

nell'apprendimento e nell'esercizio di attività esteriori, ma nell'introduzione

[20] J. RATZINGER, Introduzione allo spirito della Liturgia, op.cit. pp.9-19.

nell'acro essenziale, che fa la liturgia, nell'introduzione, cioè, alla potenza trasformante di Dio, che attraverso l'evento liturgico vuole trasformare noi stessi e il mondo[21].

La mensa eucaristica ha come fine l'immissione dei fedeli nella comunione e nell'agire di Dio stesso. L'azione liturgica è azione di Cristo, Verbo incarnato che assimila a sé tutti i credenti, grazie all' azione dello Spirito Santo nella Preghiera li presenta al cospetto del Padre. Nell'azione liturgica vi è un effetto sacrificale e catartico: il sacrificio della croce di Cristo. Ciò rende i credenti degni e meritevoli della Resurrezione. Ratzinger è del parere, dunque, che l'azione liturgica sia una vera e propria palestra dello spirito tramite cui i credenti apprendono l'arte di lasciarsi educare e trasformare da Dio. Cosicché possono poi a loro volta abitare e trasfigurare il mondo e la storia affinché siano resi conformi al Regno dei cieli[22].

> L'adorazione, la giusta modalità del culto, del rapporto con Dio, è costitutiva per la giusta esistenza umana nel mondo; essa lo è proprio perché attraverso la vita quotidiana ci fa partecipi del modo di esistere del «cielo», del mondo di Dio, lasciando così trasparire la luce del mondo divino nel nostro mondo[23].

L'esperienza liturgica nel pensiero di Benedetto XVI è un cammino di apprendimento/interiorizzazione dei gesti, delle parole e dei simboli della celebrazione eucaristica. Ciò implica un itinerario educativo che mira a rendere il culto cristiano efficace e funzionale non solo all'interno della comunità ecclesiale ma anche all'interno della società seminando in essa il seme della cultura biblica della carità.

> La cultura - in questo i Greci hanno avuto davvero ragione - è soprattutto educazione, intendendo questa parola nel suo senso più profondo come apertura interiore dell'uomo alle sue possibilità, in cui egli può sviluppare anche le sue

---

[21] J. RATZINGER, Introduzione allo spirito della Liturgia, op.cit. p.171.

[22] J. RATZINGER, Introduzione allo spirito dalla Liturgia, Edizioni San Paolo, 2001, pp. 167-211.

[23] J. RATZINGER, Introduzione allo spirito della Liturgia, op.cit. p.17.

potenzialità esteriori conformemente alle sue doti[24].

Il cuore del culto cristiano è la configurazione dei fedeli a Cristo che mediante lo Spirito Santo elevano la loro lode al Padre celeste.

È questa la novità e la particolarità della liturgia cristiana: è Dio stesso ad agire e a compiere l'essenziale.

Egli introduce la nuova creazione, si rende accessibile, così che noi possiamo comunicare con Lui in maniera del tutto personale, attraverso le cose della terra, attraverso i nostri doni[25].

In questa prospettiva si indirizza anche l'esortazione post-sinodale del 2007: *"Sacramentum Caritatis"* con la quale si auspicava all'interno del popolo di Dio un nuovo fervore per il Sacramento dell'Eucaristia fonte e culmine della vita e della missione della Chiesa.

Ratzinger sostiene quanto sia necessario approfondire la relazione tra eucaristia e azione liturgica e definisce l'atto cultuale come sacramento dell'amore[26]. Egli inoltre promuove un'educazione alla fede incoraggiando la pratica di una catechesi mistagogica atta a rendere i fedeli dei partecipanti attivi alla celebrazione del mistero eucaristico ai fini di evitare di incorrere in una deriva ritualistica.

Scopo di tutta l'educazione cristiana, del resto, è di formare il fedele, come «uomo nuovo», ad una fede adulta, che lo renda capace di testimoniare nel proprio ambiente la speranza cristiana da cui è animato[27].

L'uomo nuovo è il credente che abbeverandosi alle fonti della fede: Parola di Dio, insegnamento dei Padri, benefici della grazia dei sacramenti si rende docile all'azione di Dio e incarna gli ideali del cristianesimo declinandoli nei vari luoghi in cui esplica la propria vita operando così una *paideia* della fede.

---

[24] J. Ratzinger, Introduzione allo spirito della Liturgia, op.cit. p.197.

[25] J. Ratzinger, Introduzione allo spirito della Liturgia, op.cit. p.169.

[26] Benedetto XVI, Esortazione postsinodale, Sacramentum Caritatis, N. 5

[27] Loc.Cit.

In questo cammino, vi esorto a valorizzare la liturgia quale fonte perenne di educazione alla vita buona del Vangelo. Essa introduce all'incontro con Gesù Cristo, che con parole e opere costantemente edifica la Chiesa, formandola alle profondità dell'ascolto, della fraternità e della missione. I riti parlano in forza della loro intrinseca ragionevolezza e comunicabilità ed educano a una partecipazione consapevole, attiva e fruttuosa[28].

Joseph Ratzinger nel 1968 pubblica il suo *best seller*: *"Introduzione al Cristianesimo. Lezioni sul Simbolo apostolico"*, opera con la quale intende dimostrare la ragionevolezza della fede cristiana nella nostra epoca commentando gli articoli del credo della fede cattolica. In tale circostanza Ratzinger con sguardo poliedrico prende in considerazione gli effetti che hanno prodotto nella nostra cultura la rivoluzione del 68' e il crollo del muro di Berlino nel 1989. In questo lasso di tempo si è sviluppato il movimento della teologia della liberazione: movimento che poneva al centro del cristianesimo la politica e l'economia gettando così ombra sulla funzione 'pratica' di Dio nella vita dei credenti. Ratzinger benché riconosce alcune aspirazioni valide in questo movimento non può fare a meno di sottolinearne i limiti e i pericoli che esso comporta per l'autenticità della fede e per una corretta ricezione del dato della Rivelazione. Tale movimento, peraltro, vale la pena ricordarlo fu 'congedato' dal nostro autore al tempo in cui era prefetto della congregazione per la dottrina della Fede nel 1984 con due note Istruzioni: "Alcuni aspetti della Teologia della Liberazione" e "Libertá cristiana e Liberazione". Molte teologie della liberazione, infatti, fanno del messaggio salvifico del vangelo una mera prassi di liberazione politica nel senso inteso dal marxismo: l'uomo è 'salvo' nella misura in cui si riscatta dal punto di vista sociale, eliminando la disuguaglianza tra la classi sociali, abolendo la proprietà privata e combattendo ogni forma di capitalismo, se necessario anche con l'utilizzo della violenza. Alla luce di ciò, non possiamo fare altro che prendere coscienza del fallimento dei suddetti tentativi di proporre un cristianesimo effettivamente senza Dio e senza Cristo al centro della società e del dibattito sull'uomo, l'etica e l'educazione che ne deriva. La scienza tecnica riducendo l'uomo a oggetto dei suoi sperimenti ha incrementato molti

---

[28] BENEDETTO XVI, Luce del mondo, Libreria Editrice Vaticana, Città del Vaticano 2010, p. 153.

traffici illeciti che ledono la dignità della persona umana nei suoi fondamenti. Da qui l'esigenza di proporre un cristianesimo credibile all'umanità del terzo millennio. L'uomo odierno può uscire dall'oscurità e dalla tristezza in cui l'hanno rilegato il fallimento dei totalitarismi del secolo scorso solo riscoprendo la ricchezza e la profondità del mistero cristiano. La 'morte di Dio' annunciata da Nietzsche dopo un primo momento di sensazionalismo e mero trionfalismo ha gettato l'umanità nelle mani del cieco progresso tecnologico che, in ultima analisi, sta conducendo l'uomo verso il baratro più profondo del dacadentismo morale e spirituale. Per Joseph Ratzinger occorre riscoprire il volto del Dio della Bibbia per recuperare il volto autentico dell'uomo. Solo nel messaggio di amore, di pace e di riconciliazione del Vangelo, l'umanità del nostro tempo, può trovare il fondamento ultimo della propria realizzazione. È necessario compiere un nuovo 'esodo': la liberazione dalla schiavitù della tecnica e del calcolo per approdare verso la terra promessa della vera libertà: vivere da 'creature' per il Creatore e abitare la società con responsabilità verso noi stessi e verso gli altri. L'altro non è un numero ma una persona che mi sta accanto. Il mondo in cui vivo non è un laboratorio in cui poter realizzare degli esperimenti ma è il 'giardino' che mi è stato affidato e di cui ho il compito di 'coltivare' e 'custodire' con cura e premura[29].

Detto questo, risulta sublime cogliere il ritratto del cristianesimo che emerge da queste pagine cariche di pregnanza teologica e pedagogica:

> Se per l'immagine cristiana di Dio il termine lògos – inteso come parola originaria, ragione creatrice e amore – è determinate e se il concetto di lógos costituisce al tempo stesso il fulcro della Cristologia, della fede in Cristo, ancora una volta non resta che confermare l'inscindibilità tra fede in Dio e fede nel suo Figlio Gesù Cristo fattosi uomo[30].

Fede e comprensione così come credere e comprendere a partire dal pensiero greco per Ratzinger sono elementi complementari e caratterizzanti la fede cristiana che per ciò stesso necessità continuamente di un percorso

---

[29] J. RATZINGER, *Introduzione al Cristianesimo*, Lezioni sul Simbolo apostolico Queriniana 2000, pp. 7-24.

[30] J. RATZINGER, *Introduzione al Cristianesimo*, p.23.

di educazione affinché i credenti possano interiorizzare e assimilare queste verità fondanti l'atto del credere umano. Suggestivo il modo in cui Ratzinger definisce la nostra fede:

> La Fede, pertanto, è trovare un 'tu' che mi sostiene e che, nell'incompiutezza e nella profonda inappagabilitá di ogni incontro umano, mi accorda la promessa di un amore indistruttibile, che non solo aspira all'eternità, ma ce la dona. La fede cristiana vive del fatto che non solo esiste obbiettivamente un senso, ma che questo Senso mi conosce e mi ama, sicché io posso affidarmi a lui con l'atteggiamento del bambino, il quale sa che tutte le sue domande trovano sicurezza nel 'tu' della madre[31].

La figura della mamma è da sempre legata all'educazione dei figli. Ratzinger definisce l'atto della fede come un vero e proprio itinerario pedagogico attraverso cui l'essere umano di ogni tempo può fare esperienza della conoscenza e dell'amore supremo del Dio di Gesù Cristo. Ciò costituisce per ogni uomo un anelito all'infinito, è conquista dell'eternità, approdo nella terra promessa. Dio conosce e ama ogni uomo e offre un senso all'esistenza di ciascuno di noi. Affidarci a Dio significa intraprendere con lui un dialogo che diventa preghiera. Rendere il nostro cuore disponibile all'ascolto e all'accoglienza dei suoi insegnamenti. Ciò comporta per noi, inevitabilmente, un cammino di purificazione: occorre liberarci dalle scorie dei nostri pregiudizi e della nostra precomprensione della realtà. Lo sguardo del Signore e la sua Parola ci dischiudono il senso ultimo del reale. Entrare in relazione con Dio significa 'spogliarci' dalle nostre convinzioni e dai nostri ragionamenti calcolatori per aprirci e disporci a compiere un nuovo 'esodo' dalla schiavitù dell'egoismo alla libertà dei figli di Dio.

Circa il problema della coscienza ci si avvarrà del contributo che Ratzinger ha offerto nel testo *L'elogio della Coscienza. La verità interroga il cuore.* Il papa emerito, per riportare in auge una concezione autentica della coscienza, fa riferimento al contributo che in questa linea è stato arrecato da Newman, Spaemann.

Alla base, dunque, di una concezione cristiana della coscienza, il riferimento al pensiero greco è obbligato. La coscienza svolge un ruolo

---

[31] J. RATZINGER, *Introduzione al Cristianesimo*, p.72.

decisivo per il raggiungimento e la comprensione della verità nella vita dell'uomo, nella misura in cui egli percepisce la coscienza come un organo attraverso cui accogliere le istanze del cuore, aprirsi alla verità e orientarsi al bene ultimo, a Dio. La coscienza, per questo, necessita di essere educata affinché possa liberarsi da un orientamento soggettivistico ed individualistico. Ratzinger circa la questione antropologica si rifà essenzialmente all'*imago Dei*: l'uomo, creato a immagine e somiglianza di Dio, incorporandosi in Cristo, grazie ai Sacramenti dell'iniziazione Cristiana, può essere educato, può maturare e può raggiungere il suo status di santità e giustizia. La παιδεία cristiana mira ad un'educazione integrale della persona umana, al raggiungimento della salvezza, attraverso un'ascesi cristica, e rappresenta un antidoto efficiente affinché il cuore dell'uomo sia curato dalla deturpazione del peccato originale e si incammini sulla strada della santità.

"L'idea della vera educazione umana è germinata si può dire e fiorita al mondo dallo spirito del Cristianesimo" (Cfr. A. ROSMINI, *Dell'educazione cristiana,* Opere 31, CN ed. Roma 1994, pag. 225.).

II CAPITOLO

La paideia cristiana: *fides et ratio*

La παιδεία cristiana fa di Cristo e della Chiesa il centro e la chiave di volta del suo itinerario per l'uomo, che deve scoprire la sua vocazione di creatura di Dio e porsi al servizio del suo Regno. Per realizzare ciò, è indispensabile e fondamentale promuovere una rivitalizzazione delle fonti antiche della fede, permeando i vari ambiti della vita dell'uomo dell'idea che non sempre e non necessariamente tutto ciò che è antico viene superato e inglobato da ciò che è nuovo, bensì che se ci può essere qualcosa di nuovo, di valido e di educativo per l'uomo contemporaneo, ciò non può che affondare le sue radici nel patrimonio culturale del passato.

Il grande Patrono degli educatori, San Giovanni Bosco, ricordava ai suoi figli spirituali che "l'educazione è cosa del cuore e che Dio solo ne è il padrone" (Epistolario, 4,209). Centrale nell'opera educativa, e specialmente nell'educazione alla fede, che è il vertice della formazione della persona e il suo orizzonte più adeguato, è in concreto la figura del testimone: egli diventa punto di riferimento proprio in quanto sa rendere ragione della speranza che sostiene la sua vita (1 Pt 3, 15), è personalmente coinvolto con la verità che propone. Il testimone, d'altra parte, non rimanda mai a se stesso, ma a qualcosa, o meglio a Qualcuno più grande di lui, che ha incontrato e di cui ha sperimentato l'affidabile bontà. Così ogni educatore e testimone trova il suo modello insuperabile in Gesù Cristo, il grande testimone del Padre, che non diceva nulla da se stesso, ma parlava così come il Padre gli aveva insegnato (Gv 8, 28)[32].

In tale prospettiva nella riflessione ratzingeriana trova spazio anche la figura di San Giovanni Bosco (1815-1888), egli afferma che il motto salesiano: *da mihi animas cetera tolle* (Dammi anime, tieniti tutto il resto) conserva intatta la sua perenne attualità ed esprime pienamente il cuore pulsante dell'attività di don Bosco e dei salesiani. Inoltre, Ratzinger annota che il sistema preventivo propugnato dal santo sia un valido strumento

---

[32] Discorso ai partecipanti al Convegno Ecclesiale della Diocesi di Roma, 6 Giugno 2005. P. J. Lasanta, Dizionario antologico dottrinale di Benedetto XVI (A-L) vol. 1, Fede e cultura, pp. 308-309.

tutt'oggi efficace per avvicinare i giovani alla fede in maniera credibile. Tale sistema pedagogico mira a condurre i giovani ad aprirsi alla vita: prestando loro cura, attenzione, ascolto, accoglienza. Attraverso questo tipo di premura essi, infatti, avranno modo di sviluppare appieno le loro potenzialità e di correggere, invece, i propri limiti. In queste dinamiche educative, peraltro, può risultare molto funzionale anche l'applicazione del dialogo socratico: porre ai ragazzi e alle ragazze le domande giuste ai fini di stimolare in essi la perspicacia. Atteso ciò, li si può accompagnare a partorire i loro pensieri così da favorire in essi la capacità critica nei confronti della società e della realtà in cui sono immersi. Affinare uno spirito critico nei confronti del reale appare uno degli aspetti più interessanti del processo educativo della paideia. Il carisma di don Bosco ha realizzato un'opera monumentale nel campo educativo si pensi all'esperienza degli oratori luoghi entro cui è possibile imparare come ci si sta al mondo attraverso il gioco. In questo modo, anche le attività ludiche divengono propedeutiche all'educazione cristiana. Infine, ci informa Ratzinger che i pilastri portanti della pedagogia salesiana sono l'ascolto attivo della Parola di Dio con la *lectio divina* e la partecipazione alla mensa eucaristica La missione educativa salesiana da ciò deve attingere forza e fervore per educare alla cultura del vangelo le giovani generazioni[33].

Ogni opera educativa che si rispetti ha come punto di riferimento un paradigma da cui attinge i valori che mirano a formare e raggiungere un determinato ideale di uomo. Ratzinger promuove una vera e propria paideia cristiana. Il paradigma per eccellenza è la stessa persona del verbo incarnato Gesù Cristo, maestro e pedagogo, i cui valori sono quelli del vangelo: Amore, Solidarietà, Perdono, Giustizia, Fratellanza, Pace. Persuaso che: Solamente nel mistero del verbo incarnato trova piena luce il mistero dell'uomo. Gs 22. La formazione della persona umana attraverso i valori del vangelo fa si che, l'essere umano apprenda pienamente l'arte del vivere tramite il quale realizza pienamente la sua vocazione. È così che si produce la "cultura del nuovo umanesimo" atta ad edificare la civiltà dell'amore. In tale contesto risulta interessante fare alcune considerazioni

---

[33] BENEDETTO XVI, Servitori della Verità, riflessione sull'educazione, a cura di L. Monari, editrice La Scuola, pp. 50-56.

su uno dei testi più belli di Joseph Ratzinger *"Gesú di Nazareth. Dal Battesimo alla Trasfigurazione"*. È il primo volume del trittico cristologico dedicato alla figura di Gesù. Ratzinger nel tracciare un profilo autentico del Gesù dei Vangeli fa alcune premesse considerevoli:

a) Inquadra Gesù a partire dal suo rapporto intimo, vitale e unico con il Dio Padre;

b) inserisce la figura di Gesù nella lunga riflessione veterotestamentaria di Israele e, in particolar modo, presenta Gesù come il nuovo "Mosé" il quale "parlava con Dio faccia a faccia";

c) accoglie i contributi positivi e solidi che si possono ricavare dal metodo storico-critico in campo esegetico, ma allo stesso tempo né sottolinea i limiti e invita ad integrare ad esso una lettura 'canonica' della Bibbia[34].

L'insegnamento di Gesù è strettamente collegato all'annuncio del regno di Dio e all'appello alla conversione. Per Ratzinger il Vangelo è una proclamazione di salvezza, il Regno di Dio è la persona stessa di Gesù che mostra la signoria di Dio sulla storia, sull'umanità, una sovranità che non è tiranna ma libera, educa e conferisce all'uomo la sua dignità di persona.

Comprendere Gesù per Ratzinger è fondamentale conoscere l'Antico Testamento, egli si pone sulla linea della continuità tra i due Testamenti che assieme alla Tradizione costituiscono la Rivelazione di Dio nella storia, il *depositum fidei*. Riteniamo attinente al nostro tema anche la sezione dedicata al discorso della montagna che, come si sá, costituisce la magna carta del Cristianesimo. Gesù si presenta come il nuovo Mosè siede sulla cattedra (montagna) e ammaestra i suoi interlocutori con una sapienza che incanta e interpella nel profondo i suoi uditori. Ratzinger sottolinea un aspetto: Gesù opera un vero e proprio capovolgimento dei valori sino ad allora costituiti e con ciò non annulla la forza educativa della Torah ma bensì dà una conferma della sua forza e della sua vitalità. Ratzinger ritiene

---

[34] J. RATZINGER- BENEDETTO XVI, Gesù di Nazareth. Dal Battesimo alla Trasfigurazione, a cura di I. Stampa e E. Guerriero, Libreria Editrice Vaticana 2007, pp.33-67.

che le beatitudini, la valenza educativa della Torah e la preghiera siano il nucleo centrale di questo discorso di Gesù. Pertanto, coloro che accolgono il messaggio di Gesù sono chiamati a coltivare la 'mansuetudine', a sentirsi ricchi pure nella povertà e nelle prove, a gioire nelle tribolazioni e a seminare la pace in ogni e dove della propria vita. È evidente che la conversione implica un cambiamento radicale per i discepoli che si pongono alla sequela del Maestro divino. Essi sono esortati ad imitare l'atteggiamento del Maestro dinanzi al divenire della vita. Tale "*imatio*" significa educazione all'ascolto della Parola di Dio per un impegno dinamico e concreto verso la società[35]. Educare alla pace è impossibile - per il nostro autore - senza Dio. Dio ci orienta al vero e al sommo bene e senza fare esperienza della sua Parola non saremo mai uomini e donne capaci di instaurare la pace nei luoghi in cui si esplica la nostra esistenza. Commentando la seconda beatitudine Ratzinger afferma:

> L'afflizione di cui parla il Signore è il non-conformismo col male, è un modo di opporsi a quello che fanno tutti e che s'impone al singolo come modello di comportamento. Il mondo non sopporta questo tipo di resistenza, esige che si partecipi. Questa afflizione gli sembra una denuncia che si oppone allo stordimento delle coscienze[36].

Il discepolo che con mitezza oppone resistenza alla logica del male e tiene in auge la logica del bene è degno della consolazione divina. Essere afflitti per una giusta causa nobilita l'uomo più di quanto si immagini. Ciò lo possiamo sperimentare in diverse occasioni della nostra vita: in famiglia, a lavoro, nella società.

> Il Cristo crocifisso è il giusto perseguitato di cui parlano le profezie dell'Antico Testamento, in particolare i canti del servo di Dio, di cui peraltro aveva già avuto un presentimento anche Platone (La Repubblica II 361e-362°). E proprio così Cristo stesso è l'avvento del regno di Dio. La Beatitudine è un invito alla sequela del Crocifisso – un invito diretto alla singola persona come anche alla Chiesa nel suo insieme[37].

---

[35] J. RATZINGER- BENEDETTO XVI, Gesù di Nazareth. Dal Battesimo alla Trasfigurazione, a cura di I. Stampa e E. Guerriero, Libreria Editrice Vaticana 2007, pp. 1200-1296.

[36] J. RATZINGER- BENEDETTO XVI, Gesù di Nazareth op. Cit. p.1321.

[37] J. RATZINGER- BENEDETTO XVI, Gesù di Nazareth op. Cit. p.1346.

Oltre ad offrirci riflessioni profonde sul discorso della montagna, Ratzinger costantemente fa riferimento alla cultura greca per spiegarci le profondità della fede cristiana. In questo caso fa riferimento al mito dell'anello di Gige e accosta Platone alla figura del 'giusto perseguitato' della Bibbia. Alla luce di ciò è chiaro che la Chiesa così come il singolo discepolo se vogliono ispirarsi all'ideale di vita proposto dal Cristo necessitano di un percorso di educazione per entrare dentro la logica del vangelo e fare propri i valori da esso promossi.

Per un'educazione cristiana credibile è inevitabile il problema della coscienza. Solo una coscienza ben formata può acquisire un discernimento tale da saper compiere il bene e fuggire il male.

Ratzinger argomentando sulla questione della coscienza si rifà, per molti aspetti, al pensiero di Newman e, ritiene che quest'ultimo, benché assegni un gran ruolo alla soggettività dell'uomo, sia molto più in sinergia con il pensiero di Agostino che con quello moderno. Per Newman la coscienza indica il mero superamento della soggettività dell'uomo che ha luogo nell'incontro tra la sua interiorità e la verità che proviene da Dio. Tale è la descrizione che Newman ci offre della coscienza: «La coscienza è un principio impiantato in noi prima di qualunque formazione, sebbene l'esperienza e l'educazione siano necessarie per il suo vigore, il suo sviluppo, la sua maturazione [...]. È il testimone interiore dell'esistenza e della legge di Dio».

Stando a questa citazione, l'educazione occupa un posto privilegiato per l'esplicitarsi della coscienza nell'uomo; infatti, l'uomo con l'educazione apprende l'orientamento da dare al suo agire, con l'educazione -e solo con essa- l'uomo acquisisce e raffina la sua capacità di compiere il bene e fuggire il male.

Nella riflessione ratzingeriana emerge anche l'aspetto dell'autenticità della coscienza: essa è davvero tale anche quando non è necessariamente in armonia coi desideri, i gusti, e le convezioni sociali dell'uomo. In ciò, come non scorgere nel pensiero di Benedetto XVI anche la celebre esortazione paolina: «Non conformatevi alla mentalità di questo secolo, ma trasformatevi rinnovando la vostra mente, per poter discernere la volontà di Dio, ciò che è buono, a lui gradito e perfetto». La coscienza, perciò, è autentica nell'uomo solo quando quest'ultimo si scorge abitato nella sua interiorità dalla verità, ed orienta ad essa il suo agire etico[38].

> Tra fede e ragione esiste una naturale amicizia, fondata nell'ordine stesso della creazione. Il Servo di Dio Giovanni Paolo II, nell'incipit dell'Enciclica *Fides et ratio* scrive: "La fede e la ragione sono come le due ali, con le quali lo spirito umano s'innalza verso la contemplazione della verità". La fede è aperta allo sforzo di comprensione da parte della ragione; la ragione, a sua volta, riconosce che la fede non la mortifica, anzi la spinge verso orizzonti più ampi ed elevati[39].

Ci apprestiamo a prendere in considerazione uno degli interventi di papa Ratzinger più incisivi e significativi di tutta la sua carriera, riguardo al tema *fides et ratio*: la famosa *lectio magistralis* tenuta all'università di Regensburg, il 12 settembre del 2006. In quest'occasione Benedetto XVI inizia la sua riflessione ricordando le esperienze di *universitas* fatte da docente nel 1959 e di come in quegli anni, negli ambienti accademici di Teologia, fosse proficuo riflettere sul tema della fede a partire dalla ragione. Il papa ricorda che anche per i colleghi scettici era indiscusso che la caratteristica della fede cristiana fosse quella di interrogarsi su Dio ma a partire dalla ragione, in quanto la fede cristiana ha la peculiarità di interrogarsi sul Divino e di ricercare la ragionevolezza dei suoi contenuti a partire da un corretto uso della ragione[40]. Cita l'opera edita del professore Theodore Khoury, la quale contiene il dialogo che l'imperatore bizantino, Manuele II Paleologo, tenne probabilmente nell'inverno del 1391 ad Ankara, con un persiano colto su Cristianesimo ed Islam e sulla veridicità di ambedue[41].

Il dialogo in questione si concentra per lo più sull'immagine di Dio e dell'uomo che emerge nei tre ordini di vita – le tre Leggi – Antico, Nuovo

---

[38] J. RATZINGER, *L'elogio della Coscienza*, La verità interroga il cuore, Edizioni Cantagalli, Siena 2009, p.16.

[39] BENEDETTO XVI, *Pensieri sulla fede*, op.cit. p.50.

[40] Loc.Cit.

[41] Cfr. BENEDETTO XVI, *Una nuova cultura per un nuovo umanesimo, i grandi discorsi di Benedetto XVI*, (a cura di L. Leuzzi), Libreria Editrice Vaticana, 2011, pp. 21-22.

Testamento e Corano[42]. L'imperatore bizantino accusa l'Islam di essere una religione contro ragione e per ciò stesso contraria alla natura di Dio; questa critica prende le mosse dal fatto che l'Islam sin dalla sua nascita ha cercato, in un certo qual modo, di imporre la fede con la violenza. Il fulcro del pensiero ratzingeriano è il seguente: non agire secondo ragione è contrario alla natura di Dio, in quanto la fede è il frutto dell'anima e non del corpo; tuttavia, tale affermazione è esclusivamente di matrice greca, legata ad una temperie storica, o è sempre valida ed attuale?

> Io penso che in questo punto si manifesti la profonda concordanza tra ciò che è greco nel senso migliore e ciò che è fede in Dio sul fondamento della Bibbia. Modificando il primo versetto del Libro della Genesi, il primo versetto dell'intera Sacra Scrittura, Giovanni ha iniziato il prologo del suo Vangelo con le parole: "In principio era il λόγος". È questa proprio la stessa parola che usa l'imperatore: Dio agisce "σὺν λόγῳ", con *logos*. *Logos* significa insieme ragione e parola – una ragione che è creatrice e capace di comunicarsi ma, appunto, come ragione. [...] L'incontro tra il messaggio biblico e il pensiero greco non era un semplice caso. La visione di san Paolo, davanti al quale si erano chiuse le vie dell'Asia e che, in sogno, vide un Macedone e sentì la sua supplica: "Passa in Macedonia e aiutaci!" (cfr At 16,6-10) – questa visione può essere interpretata come una "condensazione" della necessità intrinseca di un avvicinamento tra la fede biblica e l'interrogarsi greco[43].

È evidente il riferimento alla παιδεία, che sin dagli albori del Cristianesimo è stata la via principale affinché il rapporto tra fede e ragione potesse essere armonioso e fruttuoso, mirasse al bene e non alla rovina dell'uomo e dell'umanità. Inoltre, l'incontro tra il Cristianesimo antico e il pensiero greco è visto da Ratzinger come una necessità intrinseca della Rivelazione, come se Dio stesso avesse voluto che questo incontro tra culture si realizzasse nella storia. La diversità, in questa direzione, non viene letta come un limite, ma come una ricchezza. La παιδεία si pone nei

---

[42] Cfr. BENEDETTO XVI, *Una nuova cultura per un nuovo umanesimo, i grandi discorsi di Benedetto XVI,* op.cit, p.23.

[43] BENEDETTO XVI, Una nuova Cultura... *Op.Cit.*, pp.23-24.

confronti del Cristianesimo, da sempre, come un supporto indispensabile, perché il dialogo tra *fides* e *ratio* contribuisca alla piena umanizzazione dell'uomo e dell'umanità. Ratzinger, inoltre, ritiene che l'incontro tra il pensiero greco e la fede biblica abbia preso avvio già a partire dall'episodio del roveto ardente, dove Dio rivela il suo nome misterioso a Mosè (Cf. Es 3,14ss). La formula "Io Sono" si presenta come una chiara contestazione del mito e in questo, papa Benedetto, vede una forte analogia tra la fede biblica e l'opera di Socrate che fece il tentativo di superare e vincere il mito. Oltre ciò, questo processo d'incontro subì un ulteriore sviluppo durante l'esilio del Popolo di Israele in Babilonia, dove Israele annunciava Dio come Signore del cielo e della terra in forte contrapposizione con gli dèi concepiti come l'opera delle mani dell'uomo.

> Così, nonostante tutta la durezza del disaccordo con i sovrani ellenistici, che volevano ottenere con la forza l'adeguamento allo stile di vita greco e al loro culto idolatrico, la fede biblica, durante l'epoca ellenistica, andava interiormente incontro alla parte migliore del pensiero greco, fino ad un contatto vicendevole che si è poi realizzato specialmente nella tarda letteratura sapienziale[44].

L'incontro tra la παιδεία classica e il pensiero biblico affonda le sue radici nella Rivelazione e attraversa come un filo rosso tutte le tappe fondamentali della storia della salvezza, fino a raggiungere il suo apice nella letteratura biblica sapienziale. A tal proposito è degno di nota annotare come anche la Torah, la Legge di Dio, abbia acquisito, nell'epoca sapienziale, una funzione di orientamento dell'essere e dell'agire dell'uomo, divenendo la fonte dell'educazione attraverso cui le generazioni venivano formate alla fede nell'unico vero Dio, il Dio d'Israele. Benedetto XVI ritiene che il pensiero greco, incontrandosi con quello biblico, costituì un vero e proprio *illuminismo della fede*. Egli ricorda anche come la traduzione greca della Bibbia dei Settanta abbia dato un contributo decisivo alla nascita e la diffusione del Cristianesimo; si sa che la traduzione greca dell'antico Testamento è stata ben più di una traduzione letterale, è stata una testimonianza testuale a sé stante, ha rappresentato nel profondo un

---

[44] BENEDETTO XVI, Una nuova Cultura. *Op.cit.*, pp.26-27.

autentico incontro tra fede e ragione, tra illuminismo vero e Religione.

Ben presto, tuttavia, questo incontro tra pensiero greco e fede biblica subì una battuta d'arresto nel tardo Medioevo; Duns Scoto, appunto, promosse un'impostazione volontaristica della fede: noi di Dio conosciamo soltanto la *voluntas* ordinata. Dopo di essa, c'è la libertà di Dio, la quale significa che Egli avrebbe potuto fare anche esattamente il contrario di tutto ciò che ha fatto. È evidente che, un'impostazione di questo tipo esagera la trascendenza e la diversità di Dio e riduce di gran lunga le possibilità della ragione di giungere, in qualche modo, a cogliere l'essenza di Dio.

> In contrasto con ciò, la fede della Chiesa si è sempre attenuta alla convinzione che tra Dio e noi, tra il suo eterno Spirito creatore e la nostra ragione creata esista una vera analogia, in cui – come dice il Concilio Lateranense IV nel 1215 –certo le dissomiglianze sono infinitamente più grandi delle somiglianze, non tuttavia fino al punto da abolire l'analogia e il suo linguaggio. Dio non diventa più divino per il fatto che lo spingiamo lontano da noi in un volontarismo puro ed impenetrabile, ma il Dio veramente divino è quel Dio che si è mostrato come *logos* e come *logos* ha agito e agisce pieno di amore in nostro favore. Certo, l'amore, come dice Paolo, "sorpassa" la conoscenza ed è per questo capace di percepire più del semplice pensiero (cfr Ef 3,19), tuttavia esso rimane l'amore del Dio-*Logos*, per cui il culto cristiano è, come dice ancora Paolo λογικὴ λατρεία" – un culto che concorda con il Verbo eterno e con la nostra ragione (cfr Rm 12,1)[45].

La fede cristiana ha un rapporto intrinseco e, per questo, inscindibile con la ragione; in questa direzione la παιδεία cristiana può essere paragonata ad una palestra dello spirito umano, in quanto aiuta l'uomo a vivere e a realizzare la sua vocazione. In ciò, si presta ad essere, per il binomio *fides et ratio*, un supporto indispensabile.

Il teologo bavarese mette in evidenzia che l'incontro tra pensiero greco e fede biblica costituisce un contributo essenziale per l'umanità in generale e non solo per la storia della religione. Nell'incontro tra pensiero greco e

---

[45] BENEDETTO XVI, *Op.Cit.*, pp.28-29.

fede biblica emerge in tutta la sua portata il fatto che, nonostante il Cristianesimo abbia avuto origine e i suoi primi sviluppi in Oriente, tuttavia ha poi trovato la sua impronta storicamente decisiva in Europa.

Acquisire questa consapevolezza ci sembra un buon punto di partenza, per promuovere una nuova παιδεία cristiana, che riteniamo una via possibile affinché l'Europa esca dalla crisi in cui è immersa.

Altra questione strettamente legata al tema "fede e ragione" è il fenomeno culturale della de- ellenizzazione. Esso ha avuto inizio con l'avvento dell'epoca moderna ed ha esercitato un'influenza notevole nella ricerca teologica. Ratzinger ritiene che tale fenomeno possa essere sintetizzato in tre correnti principali di pensiero, che pur essendo legate tra loro sono divise l'una dall'altra[46]. Con la riforma protestante del XVI secolo, infatti, i riformatori vedevano la fede cristiana sistematizzata ma condizionata totalmente dalla filosofia greca. Auspicarono perciò, con la "*sola scriptura*", di poter ritornare alla fede primordiale, cosi come essa è presente nella Parola biblica. In questa direzione si mosse anche l'opera kantiana, che ancorò la fede esclusivamente alla ragione pratica, chiudendole l'accesso al tutto della realtà.

Successivamente, Adolf von Harnack, pioniere della teologia liberale del XIX-XX secolo, si fece promotore di un altro filone della de-ellenizzazione, che propendeva a liberare la figura e il messaggio di Gesù da tutte le teologizzazioni e, di conseguenza, anche dalle impronte filosofiche, per ritornare al semplice uomo Gesù. Per Harnack Gesù avrebbe dato l'addio al culto in favore della morale. Gesù non sarebbe altro che il padre della morale e il suo è un messaggio che contribuisce puramente ad arricchire il buon vivere dell'umanità. Lo scopo di Harnack è stato quello di tentare una conciliazione tra la fede cristiana e la ragione contemporanea. In effetti, liberando il Cristianesimo dagli elementi filosofici e teologici, come la divinità di Cristo e la trinità di Dio, egli vedeva nell'esegesi storico-critica del Nuovo Testamento la strada che poi avrebbe reinserito la teologia nel cosmo delle università e, di conseguenza, avrebbe fatto riacquistare i criteri di scientificità, propugnati dall'era moderna.

---

[46] Loc.cit.

> Nel sottofondo c'è l'autolimitazione moderna della ragione, espressa in modo classico nelle "critiche" di Kant, nel frattempo però ulteriormente radicalizzata dal pensiero delle scienze naturali. Questo concetto moderno della ragione si basa, per dirla in breve, su una sintesi tra platonismo (cartesianismo) ed empirismo, che il successo tecnico ha confermato. Da una parte si presuppone la struttura matematica della materia, la sua per così dire razionalità intrinseca, che rende possibile comprenderla ed usarla nella sua efficacia operativa: questo presupposto di fondo è, per così dire, l'elemento platonico nel concetto moderno della natura. Dall'altra parte, si tratta della utilizzabilità funzionale della natura per i nostri scopi, dove solo la possibilità di controllare verità o falsità mediante l'esperimento fornisce la certezza decisiva. Il peso tra i due poli può, a seconda delle circostanze, stare più dall'una o più dall'altra parte[47].

Un tentativo, dunque, riduttivo per la ragione. Nel pensiero ratzingeriano, invece, la ragione non può essere ridotta al mero esperimento empirico che relegava la questione di Dio all'ambito prescientifico o ascientifico costituendo, in forza di ciò, un limite stesso alla ragione e alla sua capacità di investigazione[48]. Inoltre – avverte Ratzinger – la ragione relegata coercitivamente nell'ambito della scienza positiva costituisce un limite e una riduzione dell'uomo stesso, in quanto se si riduce la scienza e, con essa la ragione, al mero empirismo, gli interrogativi di fondo che si pone l'uomo: "da dove vengo" e "dove sono diretto", non hanno più spazio. Questi interrogativi poi vengono spostati nell'ambito del soggettivo e con questo riportati ai margini dell'individualismo e del relativismo: ognuno crede ciò che gli fa comodo.

> È questa una condizione pericolosa per l'umanità: lo costatiamo nelle patologie minacciose della religione e della ragione – patologie che necessariamente devono scoppiare, quando la ragione viene ridotta a tal punto che le questioni della religione e dell'ethos non la riguardano più. Ciò che rimane dei tentativi di costruire un'etica partendo dalle regole

---

[47] BENEDETTO XVI, *Op.Cit.*, pp.30-32.

[48] Loc.Cit.

dell'evoluzione o dalla psicologia e dalla sociologia, è semplicemente insufficiente[49].

Possiamo, quindi, ben capire come la παιδεία debba costituire, per il nostro tempo, una strada necessaria da percorrere perché l'umanità possa fuggire alla tentazione di autoannullarsi. La fede diventa, in questa direzione, un valido supporto affinché la ragione sia liberata dalla prigione in cui viene intrappolata dalla visione scientifica moderna.

Infine, viene preso in considerazione il terzo ed ultimo filone della de-ellenizzazione, il quale rammenta che, alla luce dell'attuale contesto multiculturale, occorre liberare il Cristianesimo dalla sua prima inculturazione avuta nel pensiero greco e recuperare il semplice ed originale messaggio del Nuovo Testamento. Compiuto questo primo passo, poi si passerebbe a promuovere una nuova inculturazione della fede nelle varie culture contemporanee. Ma anche su questo il nostro autore fa sentire la sua autorevole analisi critica.

> Questa tesi non è semplicemente sbagliata; è tuttavia grossolana ed imprecisa. Il Nuovo Testamento, infatti, e stato scritto in lingua greca e porta in se stesso il contatto con lo spirito greco – un contatto che era maturato nello sviluppo precedente dell'Antico Testamento. Certamente ci sono elementi nel processo formativo della Chiesa antica che non devono essere integrati in tutte le culture. Ma le decisioni di fondo che, appunto, riguardano il rapporto della fede con la ricerca della ragione umana, queste decisioni di fondo fanno parte della fede stessa e ne sono gli sviluppi, conformi alla sua natura[50].

La cultura greca, la παιδεία, ha alimentato la fede cristiana e quest'ultima, per essere e rimanere tale nel tempo, non può prescindere dal riferirsi ad essa; anzi, si può affermare che tutte le volte che nel corso della Storia il Cristianesimo ha tentato di disfarsi degli apporti del pensiero greco, è andato incontro ad un periodo di profonda crisi di fede e dei valori che ne costituiscono l'essenza.

---

[49] BENEDETTO XVI, *Op.Cit.*, p.33.

[50] Loc.Cit.

La παιδεία, in virtù del fatto che mira ad un'educazione integrale della persona umana, che coinvolge tutte le dimensioni del suo essere, in particolar modo la fede e la ragione, è la strada da indicare e, al tempo stesso, da percorrere perché possiamo presentare la fede cristiana con credibilità al mondo odierno.

> Ci riusciamo solo se ragione e fede si ritrovano unite in un modo nuovo; se superiamo la limitazione auto-decretata della ragione a ciò che è verificabile nell'esperimento, e dischiudiamo ad essa nuovamente tutta la sua ampiezza. In questo senso la teologia, non soltanto come disciplina storica e umano-scientifica, ma come teologia vera e propria, cioè come interrogativo sulla ragione della fede, deve avere il suo posto nell'università e nel vasto dialogo delle scienze[51].

Dopo aver delineato a grandi linee come l'educazione si presti a supporto di un rinnovato e proficuo dialogo tra *fides* e *ratio*, passeremo a considerare come la Parola di Dio – e in particolar modo il Vangelo – costituisca, per l'uomo e per l'intera società, un valido ed autentico codice di valori e di orientamento per la loro piena armonia e realizzazione.

---

[51] Loc.Cit.

III Capitolo

La valenza educativa della Parola di Dio per la coscienza

La Parola di Dio è percepita e presentata da Benedetto XVI come una vera e propria scuola di educazione della coscienza. Le vicende narratoci all'interno della storia della salvezza concorrono alla piena formazione dell'uomo e gli donano la possibilità di apprendere un discernimento tale da riuscire ad orientarsi prudentemente tra il bene e il male. Si veda a riguardo:

> Il Vangelo può illuminare in profondità le coscienze e trasformare dall'interno le culture solo se ogni fedele si lascia raggiungere nella sua vita personale e sociale dalla Parola di Cristo, che invita, attraverso una conversione autentica e duratura, a una risposta di fede personale e adulta, in vista di una fecondità sociale e di una fraternità fra tutti. (Ai Vescovi in visita "ad Limina Apostolorum", 27-01-2006)[52].

L'intera storia della salvezza non fa altro che dimostrarci che Dio interviene nella storia a favore dell'uomo e della sua salvezza integrale. La Parola del Signore non mortifica le aspirazioni sincere dell'uomo e questo Ratzinger ce lo rende ben noto, riferendosi ad un altro pensatore antico cristiano, san Bonaventura, il quale nella sua opera *Breviloquium* afferma:

> Il frutto della Sacra Scrittura non è uno qualsiasi, ma addirittura la pienezza della felicità eterna. Infatti la Sacra Scrittura è appunto il libro nel quale sono scritte parole di vita eterna perché, non solo crediamo, ma anche possediamo la vita eterna, in cui vedremo, ameremo e saranno realizzati tutti i nostri desideri[53].

La Parola di Dio, da quanto emerso, quindi, svolge per la coscienza dell'uomo una funzione determinante, perché la educa, la illumina, la purifica e la eleva. Il pensiero di Ratzinger è in sintonia con la Bibbia e i

---

[52] J. RATZINGER, Un anno con Papa Benedetto XVI. 365 pensieri del più grande "Dottore della Chiesa" del nostro tempo. Edizioni Cooperatores Veritatis, p. 3.

[53] J. RATZINGER, Un anno. op.cit., p.45.

Padri, ma ovviamente anche con tutto il Magistero della Chiesa, come si scorge dalle seguenti riflessioni:

> Nell'intimo della coscienza l'uomo scopre una legge che non è lui a darsi, ma alla quale invece deve obbedire. Questa voce, che lo chiama sempre ad amare, a fare il bene e a fuggire il male, al momento opportuno risuona nell'intimità del cuore: fa questo, evita quest'altro. L'uomo ha in realtà una legge scritta da Dio dentro al cuore; obbedire è la dignità stessa dell'uomo [...]. Tramite la coscienza si fa conoscere in modo mirabile quella legge che trova il suo compimento nell'amore di Dio e del prossimo. (Gs 16).

Ratzinger ricorre al mito Greco del matricidio di Oreste, il quale obbedì ai dettami del dio Apollo e mise a morte la madre, e tuttavia era perseguitato dalle Erinni, che impersonavano la voce della coscienza presente nell'uomo: egli avvertiva la colpevolezza del suo atto criminoso. Alla fine della trilogia eschilea, nel tribunale sacro, ricevette la pietra bianca del voto di Atena e fu purificato e assolto dalla sua colpa. Ratzinger applica questo mito al Cristianesimo, dimostrando come la Redenzione operata dal Signore sia una novità peculiare nella storia dell'umanità, in quanto è in Cristo che l'uomo può superare l'ostacolo della sua peccaminosità e aprirsi autenticamente al bene e alla verità. Da quanto detto risulta evidente come nel pensiero ratzingeriano l'incontro tra cristianesimo antico e paideia greca sia stato fruttuoso e fecondo e come ciò conservi nel tempo una attualità perenne. La forza redentrice del Signore opera nel cuore dell'uomo una trasformazione che è la conversione, che fa sì che l'uomo si realizzi pienamente. Volendo offrire un programma educativo affinché l'uomo possa imparare ad essere tale, il riferimento obbligato è alla lettera paolina ai Galati.

Vi dico dunque: camminate secondo lo Spirito e non sarete portati a soddisfare i desideri della carne; la carne infatti ha desideri contrari allo Spirito e lo Spirito ha desideri contrari alla carne; queste cose si oppongono a vicenda, sicché voi non fate quello che vorreste.

Ma se vi lasciate guidare dallo Spirito, non siete più sotto la legge. Del resto le opere della carne sono ben note: fornicazione, impurità, libertinaggio, idolatria, stregonerie, inimicizie, discordia, gelosia, dissensi, divisioni, fazioni, invidie, ubriachezze, orge e cose del genere; circa queste cose vi preavviso, come già ho detto, che chi le compie non erediterà il regno di Dio. Il frutto dello Spirito invece è amore, gioia, pace, pazienza, benevolenza, bontà, fedeltà, mitezza, dominio di sé; contro queste cose non c'è legge. (cf. Gal 5,16-23).

L'uomo deve ascoltare interiormente la voce del λόγος, prendere coscienza della sua finitudine e aprirsi alla trascendenza che lo abita. Camminare secondo lo Spirito vuol dire percorrere l'itinerario che ogni cristiano, in virtù dei sacramenti della fede, è chiamato a percorre, vuol dire intraprendere il sentiero della santità. Oltre tutto, questa battaglia interiore dell'uomo tra i frutti dello Spirito e i desideri della carne, può essere superata e vinta solo con la grazia della Redenzione.

Il giogo della verità è divenuto "leggero" (Cf. Mt 11,30), quando la Verità è venuta, ci ha amato ed ha bruciato le nostre colpe nel suo amore. Solo quando noi conosciamo e sperimentiamo interiormente tutto ciò, diventiamo liberi di ascoltare con gioia e senza ansia il messaggio della coscienza[54].

Ratzinger prosegue le sue considerazioni sulla natura e la funzione della coscienza, a partire dal pensiero di Robert Spaemann:

> La coscienza è un organo, non un oracolo. È un organo perché è una cosa insita che appartiene alla nostra essenza, e non una cosa fatta fuori di noi. Ma, essendo un organo, ha bisogno di crescere, di essere formata, di esercitarsi [...]. L'uomo come tale è un essere che ha un organo di conoscenza interna del bene e del male. Perché esso diventi ciò che è, ha tuttavia bisogno dell'aiuto degli altri. La coscienza richiede formazione ed educazione[55].

L'educazione, dunque, svolge una funzione importante nella formazione autentica dell'uomo e della sua coscienza. È con l'educazione che l'uomo, secondo Ratzinger, impara ad essere uomo, forma la sua coscienza e la rende conforme ai dettami del Λόγος, di Cristo Signore[56].

---

[54] J. RATZINGER, L'elogio della Coscienza, La verità interroga il cuore, Edizioni Cantagalli, Siena 2009, pp.30-33.

[55] Loc.Cit.

[56] J. RATZINGER, L'elogio. op.cit., pp. 156-157.

In tale contesto è opportuno indicare i luoghi entro cui a l'uomo è dato di porsi in ascolto della Parola di Dio per apprendere i suoi insegnamenti così da farsi guidare e illuminare nelle proprie scelte di vita.

> La Liturgia è il luogo privilegiato dove la Parola è viva, è presente, dove anzi la Parola, il Logos, il Signore, parla con noi e si dà nelle nostre mani; se ci poniamo in ascolto del Signore in questa grande comunione della Chiesa di tutti i tempi, lo troviamo[57].

La Chiesa resta la grande casa all'interno della quale gli uomini e le donne del nostro tempo possano abbeverarsi alle sorgenti della fede. Ratzinger ha sempre sostenuto una visione ecclesiologica biblica di matrice profetica. La Chiesa è il 'sacramento', il segno tangibile dell'amore di Dio per l'umanità. È l'ovile entro cui il Buon Pastore (cf. Gv 10) Gesù raduna il suo popolo e lo educa a coltivare e fare propri i suoi stessi sentimenti (cf. Fil 2,6-11).

Ratzinger, dopo averci illustrato gli effetti e le funzioni che la Parola di Dio svolge nella vita dei credenti e nella vita della Chiesa, ci offre anche un contributo in materia esegetica, per una retta ed autentica comprensione della Sacra Scrittura. Egli, rifacendosi ad Origene (185-254 d.C.), ci parla dei tre sensi della Sacra Scrittura e della loro fondamentale importanza per una sua corretta interpretazione.

Il Senso letterale, offre al lettore un primo approccio al testo sacro, tuttavia cela in sé delle profondità che non vengono colte in un primo momento. Il Senso morale, invece, indica al lettore quello che bisogna fare per vivere la Parola, gli offre delle direttive normative cui deve attenersi per compiere il Divino volere. Infine, il Senso spirituale (allegorico), fa sì che lo Spirito Santo guidi il credente alla piena comprensione della Scrittura e della sua unità, che trova il suo pieno sviluppo nella figura di Cristo. Lo Spirito educa il credente ad acquisire l'unità nella diversità della Sacra Scrittura, a coglierne l'intima profondità. È evidente che apprendere questa pratica e farla propria diviene per l'uomo un esercizio costitutivo dell'educazione del proprio spirito. Il senso spirituale, inoltre, ha come sua

---

[57] BENEDETTO XVI, Io credo,a cura di E. Impalá, Ed. San Paolo, p.699.

caratteristica propria una forte valenza educativa, in quanto dischiude la totalità della realtà al credente, allarga i suoi orizzonti, potremmo dire che lo aiuta ad apprendere la realtà con gli occhi del cuore.

Questo metodo, d'altronde, rappresenta la svolta che Origene operò in campo esegetico nel Cristianesimo antico. Per lui, infatti, fare teologia consisteva essenzialmente nello spiegare e comprendere la Bibbia. La dottrina origeniana indica il passaggio dalla lettera allo spirito, per progredire appieno nella conoscenza di Dio. Ratzinger è del parere che la Parola sia di gran lunga superiore all'esegesi critica; la Parola è un tesoro inesauribile e le varie scienze esegetiche sia antiche che nuove ci offrono solo un approccio parziale al mistero di Dio contenuto nella Bibbia. In questa direzione si iscrive la sua critica ai limiti del metodo storico-critico.

> L'esegesi storico-critica ci dice molto sul passato, sul momento in cui è nata la Parola, sul significato che ha avuto al tempo degli Apostoli di Gesù, ma non ci aiuta sempre sufficientemente a capire che le parole di Gesù, degli Apostoli e anche dell'Antico Testamento, sono spirito e vita: in esso il Signore parla anche oggi.

La Parola di Dio nella visione ratzingeriana, dunque, è eterna, guida e al contempo trascende la storia umana; del resto il grande teologo tedesco auspica che oltre ad una rivalorizzazione dell'esegesi patristica venga promossa anche l'esegesi canonica, promulgata dal Concilio Vaticano II, la quale mira ad una lettura integrale ed unitaria della Bibbia. Inoltre, servendosi degli apporti del metodo storico-critico, è in grado di offrire ai credenti una lettura viva ed attuale della Parola di Dio. Ciò perché in fondo, nel cuore del nostro autore, è forte la convinzione che la παιδεία cristiana abbia la sua fonte primaria nella Sacra Scrittura e, dunque, l'uomo per realizzarsi pienamente deve immergersi totalmente nella lettura, nella meditazione e nella comprensione della Bibbia.

La παιδεία cristiana ha la sua magna charta nella Bibbia: dalla presa di coscienza di questa realtà possiamo affermare il legame indissolubile che esiste tra il Vangelo e la società civile. Laddove la società apporta agli uomini esclusivamente delle abilità tecniche, degli strumenti, si crea un impoverimento dell'autenticamente umano. In ciò si sviluppano poi i meccanismi di violenza e di distruzione che ledono la società e mettono a repentaglio la stessa civiltà dell'uomo. Sulla base di questi spunti, occorre promuovere una riscoperta dell'importanza della Parola di Dio nella società, indicarla come l'unica strada attraverso cui l'uomo contemporaneo possa riscoprire e tornare a coltivare i valori cristiani, che sono radicati nel cuore del Vangelo. Papa Benedetto XVI, a tal proposito, incoraggia a riscoprire l'antica pratica della lectio divina, quale lettura completa e matura, di cui l'uomo può giovare, per lasciarsi completamente educare e plasmare alla scuola del Testo Sacro[58].

Per ben mettere in evidenza questo aspetto ci riferiamo in particolar modo all'esortazione post-sinodale *Verbum Domini,* che si può riassumere in queste poche battute: riscoprire la centralità della Parola di Dio nella vita personale e nella vita della Chiesa e fare propria l'urgenza e la bellezza di annunciarla per la salvezza dell'umanità come testimoni convinti e credibili del Risorto. Tale documento è rivolto dal Papa ai pastori, laici, membri della vita consacrata; tutti devono familiarizzare con la Sacra Scrittura, perché è il fondamento, la base per evangelizzare ed educare il mondo, affinché la Bibbia non rimanga una Parola del passato, ma una Parola viva e attuale. Oltre questo, l'intero documento offre dei criteri di orientamento per l'intero popolo di Dio riguardo allo studio, alla comprensione, all'approfondimento della rivelazione biblica e ne promuove come lettura da custodire ed applicare la lectio divina.

Origene, uno dei maestri in questa lettura della Bibbia, sostiene che l'intelligenza delle Scritture richieda, più ancora che lo studio, l'intimità con Cristo e la preghiera. Egli è convinto, infatti, che la via privilegiata per conoscere Dio sia l'amore, e che non si dia un'autentica *scientia Christi* senza innamorarsi di Lui [...]. Nei documenti che hanno preparato ed accompagnato il Sinodo si è parlato di diversi metodi per accostare con frutto e nella fede le sacre Scritture. Tuttavia l'attenzione maggiore è stata data alla lectio divina, che è davvero «capace di schiudere al fedele il tesoro della Parola di Dio, ma anche di creare l'incontro col Cristo, parola divina

---

[58] BENEDETTO XVI, *Pensieri sulla Parola di Dio*, (a cura di L. Coco), Libreria Editrice Vaticana 2008, pp. 61-77.

vivente»[59].

La funzione propedeutica della Bibbia è di facilitare all'uomo l'incontro con Cristo poiché è in quest'incontro che l'uomo può sperimentare la salvezza e, di conseguenza, può dirsi completo l'itinerario della paideia. Ratzinger, inoltre, si sofferma ad illustrarci i vari passaggi di cui è costituita la lectio divina. Essa si apre con la lectio (lettura) del testo, la quale provoca nel lettore l'interrogativo riguardo cosa voglia dire il Testo in sé. Successivamente, si passa poi alla *meditatio* (meditazione) nella quale si risponde alla domanda di che cosa dica il Testo a noi, qui ed ora. Questo lo si può definire il momento attualizzante della Parola. Dopodiché, si giunge alla fase dell'*oratio* (preghiera), la quale induce gli ascoltatori a chiedere a Dio l'aiuto necessario per calare nella propria vita la Parola accolta, per concretizzarla. Del resto, la preghiera diventa anche lode, supplica, invocazione. Infine, la lectio si conclude con la *contemplatio* (contemplazione), la quale dona ai credenti lo stesso sguardo di Dio sulla realtà, li apre ad una visione sapienziale della vita, della storia, li educa secondo il cuore di Cristo e li forma al suo pensiero.

Detto questo, bisogna che facciamo delle considerazioni anche su un altro Padre della Chiesa: San Girolamo (347-420?) a cui Ratzinger dedica particolare attenzione soprattutto riguardo all'approfondimento della Sacra Scrittura.

> Che cosa possiamo imparare noi da san Girolamo? Mi sembra soprattutto questo: Amare la Parola di Dio nella Sacra Scrittura. Dice Girolamo: ignorare le Scritture è ignorare Cristo. Perciò è importante che ogni cristiano viva in contatto e in dialogo personale con la Parola di Dio, donataci nella Sacra Scrittura[60].

Ratzinger rileva che – nell'insegnamento di Girolamo – i credenti sono invitati a coltivare un rapporto vitale con la Bibbia quale sorgente di educazione alla fede e alla vita concreta. Tale rapporto, tuttavia, si può esplicare in duplice modalità: a livello personale, intimo, tu per tu con Dio e a livello ecclesiale, comunitario. Ciò poiché la Parola di Dio nasce all'interno della comunità cristiana e solo al suo interno è possibile

---

[59] Loc.cit.

[60] BENEDETTO XVI, Catechesi sui padri della chiesa. Da Clemente Romano a Gregorio Magno. Libreria editrice Vaticana, Città Nuova 2008, pp.125-134.

coglierne i frutti più succulenti e maturi. Pertanto, si evidenzia in tal senso la dimensione fortemente e intrinsecamente relazionale tra la Bibbia e il Popolo di Dio. In Ratzinger la comprensione autentica della Sacra Scrittura ha luogo solo se coloro che vi si accostano vivano l'esperienza di fede all'interno del Popolo di Dio, della Chiesa. Peraltro, ravvisa papa Benedetto XVI che in Girolamo il luogo per eccellenza entro cui la Bibbia entra in maniera prorompente nel cuore dei credenti così da educarli e trasformarli nell'intimo è la Celebrazione Eucaristica.

> Il luogo privilegiato della lettura e dell'ascolto della Parola di Dio è la liturgia nella quale, celebrando la Parola e rendendo presente nel Sacramento il Corpo di Cristo, attualizziamo la Parola nella nostra vita e la rendiamo presente tra noi61.

La Parola di Dio, dunque, ci fa vivere una vera e propria esperienza di incontro con Dio e ci rende docili a conformare il nostro comportamento ai suoi preziosi insegnamenti. A tal proposito, Ratzinger ci narra che Girolamo in una corrispondenza con il grande san Paolino di Nola osava affermare che gli insegnamenti contenuti nella Bibbia persisteranno anche nel Regno dei cieli[62]. La Parola di Dio ha quindi un valore educativo eterno per l'umanità e apprendendo dalle sue pagine storie ricche di colpi di scena e di elevato spessore morale l'essere umano può conseguire saggezza e armonia, equilibrio e senso critico del reale. Dal punto di vista pedagogico Girolamo era molto attento e riteneva che fin dall'infanzia è opportuno avvicinare i bambini alla Sacra Scrittura poiché da essa possano trarre la direzione giusta che li guiderà sui sentieri dalla santità e li farà fuggire dalle strade del vizio e del peccato[63]. Se la Bibbia conserva un valore e un'attualità eterna nella visione ratzingeriana ci chiediamo allora oggi in quali luoghi può essere riscoperta per una sua attualizzazione pratica? Nella *Paidéia cristiana* antica La Bibbia è la fonte primaria e privilegiata di educazione alla fede, alla vita ecclesiale e alla vita sociale. Oggi potrebbe essere significativo conferire alla Bibbia uno spazio all'interno dell'istituzione scolastica. Molteplici, infatti, sono i racconti e gli episodi della Sacra Scrittura che potrebbero contribuire notevolmente alla

---

[61] Loc. Cit.

[62] Loc Cit.

[63] Loc. Cit.

formazione e all'educazione delle giovani generazioni. In tal senso, si pensi – giusto per citare alcuni esempi – al racconto della storia fratricida di Caino e Abele *(Gn 4,1-12)*, e di come tale avvenimento può offrire spunti di riflessione sull'incrementarsi della violenza oggi specialmente tra i giovani. A partire poi da codeste riflessioni si può ribadire l'importanza, la sacralità e l'inviolabilità della vita umana nonché la necessita di tessere relazioni sane e scevre da ogni forma di invidia. Parimenti, immaginiamo di tenere una lezione sui diritti fondamentali dell'uomo e di accostare a ciò l'evento fondante dell'Antico Testamento: l'Esodo. Dopo ciò, ci si potrà inoltrare sul discorso della necessità delle regole e dunque di un'educazione per una convivenza pacifica e fruttuosa tra i popoli. Allo stesso modo, gli insegnamenti di Gesù e la sua opzione preferenziale per i poveri, gli ultimi, gli emarginati, gli ammalati, le vedove, sono racconti da cui possono scaturire insegnamenti che sottolineano la dignità della persona umana e pongono in auge i suoi diritti sacrosanti e inviolabili e ciò contiene elementi altamente formativi. Da queste considerazioni possiamo desumere che nel pensiero di Joseph Ratzinger la Bibbia occupa un posto di primo piano e indispensabile perché il Cristianesimo possa abitare con serenità il nostro attuale contesto sociale. Detto questo, si auspica che all'interno della Scuola, come della famiglia, così come in ogni ambito aggregativo si possa riscoprire l'importanza che la Bibbia riveste per la cultura e per una educazione integrale e completa dell'essere umano uomo-donna.

L'educazione cristiana ha la sua fonte principale nella Sacra Scrittura: la responsabilità educativa dei genitori verso i figli, la necessità di imparare a leggere e a scrivere, l'obbligo di sviluppare delle capacità personali, la forza dell'amore, l'idea che l'unità di ogni verità risieda in Dio. La paideia cristiana propone all' essere umano uomo-donna un itinerario di formazione integrale finalizzato alla salvezza eterna della persona nella sua globalità.

I primi cristiani preferirono patire le persecuzioni piuttosto che accettare compromessi che, in qualche modo, potessero ledere la loro identità di discepoli di Gesù Cristo Risorto. Essi, peraltro, erano ben coscienti della portata rivoluzionaria dei valori cristiani: l'umiltà, la fede, la povertà, la libertà, la giustizia, il perdono, l'amore, la solidarietà. Il modello pedagogico dell'educazione cristiana si basa sull'*imitatio Christi* e l'accoglienza e la pratica del suo messaggio di salvezza. Originariamente tale processo formativo si esplicava all'interno della famiglia e della piccola società ristretta dei fedeli. Dopodiché nacquero le prime scuole cristiane entro le quali i 'catecumeni' ricevevano la preparazione per ricevere il Sacramento del Battesimo. Tale periodo di formazione aveva la durata di tre anni. In contrapposizione all'educazione classica, l'educazione cristiana riserva un'attenzione particolare all'infanzia: il bambino è visto come un individuo plasmabile così come la cera. A causa del peccato di Adamo è incline al male ma preserva anche una certa innocenza e purezza che gli consentono di accedere in modo particolare alla grazia battesimale. Un ulteriore novità la si ricava anche dal profilo del Maestro cristiano il quale non trasmette ai suoi allievi solo un sapere tecnico-teorico, ma soprattutto offre loro un esempio di vita e li guida alla conoscenza della verità nell'amore64. Tali acquisizioni, ci rendono ben noto come la paideia cristiana sia alla base dell'insegnamento ratzingeriano. Egli nel lungo decorso della sua attività speculativa ha sempre posto a monte delle sue riflessioni le fonti principali della fede: Sacra Scrittura e Tradizione dei Padri tramite le quali si è reso un instancabile promotore di un sapere esistenziale che mira a coltivare e rendere l'uomo pienamente uomo capace di apprendere l'arte del saper stare al mondo. In questo modo sarà possibile realizzare una sintesi pedagogica tra il saper fare e il saper essere. La Sacra Scrittura come si è abbondantemente dimostrato assolve tale compito in maniera peculiare.

Al termine di queste sue indicazioni, papa Ratzinger, invita l'intero popolo di Dio a scorgere nella figura di Maria di Nazareth un modello valido da imitare, per un approccio santificante alla sacra scrittura. Ella, in effetti, durante l'intero corso della sua esistenza, ha ascoltato, meditato, custodito ed annunciato la Parola di Dio.

Maria parla con noi, parla a noi, ci invita a conoscere la parola di Dio, ad amare la parola di Dio, a vivere con la parola di Dio, a pensare con la parola di Dio. E possiamo farlo in diversissimi modi: leggendo la Sacra Scrittura, soprattutto partecipando alla Liturgia, nella quale nel corso

[64] Collana, Materie Umanistiche, Storia del pensiero pedagogico, Edizioni Simone, pp. 44-47.

dell'anno la santa Chiesa ci apre dinanzi tutto il Libro della Sacra Scrittura. Lo apre alla nostra vita e lo rende presente nella nostra vita[65].

[65] BENEDETTO XVI, Esortazione apostolica *Verbum Domini*, Libreria Editrice Vaticana 2012, nn. 86-87.

IV CAPITOLO

L'insegnamento di Benedetto XVI

Joseph Ratzinger pubblica il 25.12.2005 la prima enciclica del suo pontificato:" *Deus Caritas est*". Tale documento, dall'elevato spessore teologico-filosofico prende in considerazione il tema dell'amore. L'enciclica può essere suddivisa in due grandi parti: 1) Nella prima sezione si chiarifica dal punto di vista terminologico e culturale il concetto di amore. A partire dalla sapienza greca fino ad approdare all'interno della sapienza biblica. In tale excursus si evidenzia che l'amore umano si può esprimere attraverso tre dimensioni fondamentali: *eros, philia, agape*. L'*eros* è l'amore passionale, erotico, talvolta, effimero e passeggero; la *philia* è l'amore amicale; l'*agape* è l'amore disinteressato è la forma di amore con il quale Dio si relaziona agli umani. Nella rivelazione giudeo-cristiana il Dio di Gesù Cristo entra in relazione con l'umanità attraverso l'agape. Tale forma di 'amore', consiste nella capacità di amare senza alcuna condizione. L'amante è disposto al sacrificio pur di non disattendere il suo amore per la persona amata. Amare significa: prendersi cura dell'altro con affetto e coinvolgimento, con premura e determinazione. Accogliere l'altro in maniera integrale con tutte le sue fragilità e potenzialità, amarlo così come è non già come vorremmo che fosse;
2) nella seconda sezione, invece, si riflette su come il comandamento dell'amore che ci viene consegnato da Gesù nel vangelo può essere concretamente applicato e vissuto nella vita della chiesa e all'interno della società. Detto questo, è interessante rilevare come all'interno della enciclica appare con estrema chiarezza il rapporto che coesiste tra filosofia greca e sapienza biblica. Entrambe le culture si sono nel corso dei secoli "incontrate" e, in qualche modo, 'influenzate' vicendevolmente e ciò è stato per il cristianesimo un'enorme fonte di ricchezza. Il papa auspica che l'uomo per realizzarsi pienamente deve ascendere - con l'aiuto della grazia divina - le diverse dimensioni dell'amore, acquisire l'agape e, a sua volta, farne poi dono agli altri che incontrerà sul suo cammino. Apprendendo il modo con cui Dio ama l'essere umano all'interno della storia della salvezza e all'interno della comunità ecclesiale, l'uomo odierno può imparare e

acquisire il modo di amare che gli è più intimo e autentico. A tal proposito, è interessante quanto afferma la *Gaudium et Spes* al n.22:

In realtà solamente nel mistero del Verbo incarnato trova vera luce il mistero dell'uomo. [...]. Cristo, che è il nuovo Adamo, proprio rivelando il mistero del Padre e del suo amore svela anche pienamente l'uomo a sé stesso e gli manifesta la sua altissima vocazione. Nessuna meraviglia, quindi, che tutte le verità su esposte in lui trovino la loro sorgente e tocchino il loro vertice.

Così facendo l'essere umano potrà rendersi capace di vivere una vita straordinaria. Dal momento che è nelle dinamiche dell'amore, rileva Ratzinger, che la persona umana si realizza pienamente. È attraverso l'amore che ogni persona affronta la propria vita, trova il modo e la forza per attraversare il naufragio a cui spesso la disperazione e la solitudine conducono. Come affermava il filosofo francese Maurice Blondel (1861-1949), l'amore è il motore dell'esistenza è quella forza pulsante che ci sospinge ad andare oltre noi stessi e ci trascende dandoci la facoltà di realizzare l'impossibile.

Sì, amore è « estasi », ma estasi non nel senso di un momento di ebbrezza, ma estasi come cammino, come esodo permanente dall'io chiuso in se stesso verso la sua liberazione nel dono di sé, e proprio così verso il ritrovamento di sé, anzi verso la scoperta di Dio: « Chi cercherà di salvare la propria vita la perderà, chi invece la perde la salverà » (Lc17, 33), dice Gesù — una sua affermazione che si ritrova nei Vangeli in diverse varianti (cfr Mt 10, 39; 16, 25; Mc 8, 35; Lc_9, 24; Gv 12, 25).

Gesù con ciò descrive il suo personale cammino, che attraverso la croce lo conduce alla resurrezione: il cammino del chicco di grano che cade nella terra e muore e così porta molto frutto. Partendo dal centro del suo sacrificio personale e dell'amore che in esso giunge al suo compimento, egli con queste parole descrive anche l'essenza dell'amore e dell'esistenza umana in genere"[66].

Alla scuola del maestro divino, dunque, si ha l'opportunità di intraprendere un vero esodo di conversione. Tale esodo significa non

---

[66] BENEDETTO XVI, Lettera Enciclica *Deus Caritas Est*, Roma, 25 dicembre 2005, pp.16-18.

concepirsi più autosufficienti e bastanti a sé stessi, ma bisognosi di cura e attenzione in quanto creature fragili. La Parola di Dio ci aiuta a riconoscere la nostra dimensione di 'creature' e ci inserisce in una dinamica relazionale con il nostro Creatore. L'essere umano è nella relazione con sé stesso, con gli altri e con Dio che si gioca l'intera avventura della sua esistenza. Possiamo rilevare che tale processo non avviene in maniera automatica: occorre fare i conti con le nostre fragilità. Nessuna relazione autentica, infatti, è esente da incomprensioni, malcontenti, litigi, la dimensione conflittuale è insita in ogni rapporto umano. In tal senso è la modalità con la quale si attraversa il conflitto che fa la differenza: con l'aiuto della grazia divina è possibile cogliere nel conflitto un'opportunità di mutua conoscenza con l'altro e ciò ci aiuterà ad accrescere e fortificare i nostri rapporti umani in tutti gli ambiti della nostra vita.

La storia d'amore di Dio con Israele consiste, in profondità, nel fatto che Egli dona la *Torah*, apre cioè gli occhi a Israele sulla vera natura dell'uomo e gli indica la strada del vero umanesimo. Tale storia consiste nel fatto che l'uomo, vivendo nella fedeltà all'unico Dio, sperimenta se stesso come colui che è amato da Dio e scopre la gioia nella verità, nella giustizia — la gioia in Dio che diventa la sua essenziale felicità: «Chi altri avrò per me in cielo? Fuori di te nulla bramo sulla terra. Il mio bene è stare vicino a Dio» (Sal_73 [72], 25. 28)[67].

Realizzare ciò, significa lasciarsi interpellare dal Dio di Gesù Cristo e porsi alla sua sequela. Lasciarsi "educare" dalla sua Parola che rischiara le tenebre del cuore e ci salva. L'essere umano di tutti i tempi, rispondendo all'appello del vangelo, può intraprendere un vero e proprio itinerario di conoscenza di sé, della realtà, di Dio e attraverso questo viaggio può imparare l'arte dell'amore vero (agape) e riversarlo poi sul suo "prossimo " chiunque egli sia. In questa prospettiva nella riflessione ratzingeriana acquista valore anche un altro aspetto della relazionalitá umana: i credenti nella misura in cui accrescono la loro capacità di amare si riconciliano anche con il creato recuperando il mandato della genesi: "custodire e coltivare", prendersi cura della nostra casa comune (Gen 2,15ss). A tal proposito si veda questo:

---

[67] BENEDETTO XVI, Lettera Enciclica *Deus Caritas Est*, Roma, 25 dicembre 2005, p.25.

L'esperienza dimostra che ogni atteggiamento irrispettoso verso l'ambiente reca danni alla convivenza umana, e viceversa. Sempre più chiaramente emerge un nesso inscindibile tra la pace con il creato e la pace tra gli uomini. L'una e l'altra presuppongono la pace con Dio. La poesia-preghiera di San Francesco, nota anche come «Cantico di Frate Sole», costituisce un mirabile esempio – sempre attuale – di questa multiforme ecologia della pace[68].

A questo punto è chiaro che in Ratzinger il Dio della Bibbia e il Dio dei filosofi coincidono. Egli nel corso di tutta quanta la sua attività speculativa ha promosso un'educazione cristiana atta a riedificare la civiltà biblica dell'amore che è alla base della nostra civiltà umana e, in modo particolare, della fondazione dell'Europa.

«Il mio intento di fondo è sempre stato quello di liberare dalle incrostazioni il vero nocciolo della fede, restituendogli energia e dinamismo. Questo impulso è la vera costante della mia vita.» (Peter Seewald, Benedetto XVI una vita, traduzione a cura di G. Mancuso, M. Manzella, P. Rumi, ed. Garzanti, p. 58).

Ratzinger ha sempre rivendicato una certa 'idea' di dialogo. In che modo oggi il Cristianesimo può entrare in dialogo con il mondo? Nel pensiero ratzingeriano si delinea un dialogo non separato dall'annuncio della fede. Il Cristianesimo deve farsi 'prossimo' alle istanze della cultura secolare odierna ma non deve con ciò svendere la sua natura e lo scopo della sua missione.

L'incontro tra il «Dio dei filosofi» e il Dio concreto della religione ebraica è l'evento, operato dalla missione cristiana, che rivoluziona la storia universale. In ultima analisi il successo di questa missione si basa proprio su tale incontro. Così la fede cristiana poté presentarsi nella storia come la *religio* vera. La pretesa di universalità del cristianesimo si basa sull'apertura della religione alla filosofia. È così che si spiega perché, nella missione sviluppatasi nell'antichità cristiana, il cristianesimo non si concepì come una religione, ma in primo luogo come prosecuzione del pensiero filosofico, vale a dire della ricerca della verità da parte dell'uomo[69].

---

[68] BENEDETTO XVI, Io Credo. Le pagine più belle di papa Ratzinger sulla fede cattolica, a cura di E. Impalá, ed. San Paolo, pp. 1189-1190.

[69] BENEDETTO XVI, Che cos'è il Cristianesimo?" Quasi un testamento spirituale. A cura di Elio Guerriero e Georg Gänswein, Mondadori, pp.40-41

A partire da tali acquisizioni Ratzinger ha ribadito in più occasioni che è necessario rivalorizzare gli insegnamenti del cristianesimo antico auspicando un "ritorno alle fonti" promuovendo una paideia cristiana della fede.

Così i «semi del Logos», di cui parla Clemente alessandrino come tensione a Cristo della storia precristiana, sono genericamente identificati con le religioni, mentre lo stesso Clemente alessandrino li considera parte del processo del pensiero filosofico nel quale il pensiero umano procede a tentoni verso Cristo[70].

Entrare in dialogo significa anche creare i giusti presupposti per un annuncio credibile del messaggio di Cristo e non già snaturare il messaggio del vangelo per renderlo più attraente. Occorre orientare il buono e il bello presente nella cultura odierna a Cristo e ai suoi insegnamenti. In ciò per il nostro autore consiste lo spirito autentico del Concilio Vaticano II.

La Chiesa è, tanto prima quanto dopo il Concilio, la stessa Chiesa una, santa, cattolica ed apostolica in cammino attraverso i tempi; essa prosegue «il suo pellegrinaggio fra le persecuzioni del mondo e le consolazioni di Dio», annunziando la morte del Signore fino a che Egli venga[71].

La visione ecclesiologica di Joseph Ratzinger è profetica - escatologica: la Chiesa è il popolo di Dio in cammino. È chiamata a compiere un esodo costante tra la purificazione e la grazia fino alla fine della storia quando giungerà al suo stato glorioso. La Chiesa è *Casta* meretrix, per dirla con Sant'Ambrogio.

Il tempo della Chiesa non significa ad esempio l'essere approdati in paradiso, ma corrisponde per il mondo intero ai quarant'anni dell'esodo di Israele. È la via dei liberati. Come a Israele nel deserto viene sempre ricordato che il suo vagare è conseguenza della liberazione dalla schiavitù d'Egitto; come Israele nel viaggio desiderava costantemente ritornare in Egitto, non riuscendo a riconoscere il bene della libertà come un bene, parimenti fa la cristianità nel suo cammino di esodo: riconoscere il mistero della liberazione e della libertà come un dono di redenzione diventa di continuo difficile per gli uomini ed essi vogliono restituire indietro la liberazione. Con le misericordie di Dio, tuttavia, essi possono anche costantemente apprendere che la

---

[70] Loc.cit.

[71] BENEDETTO XVI, Con Dio non sei mai solo, Op. Cit. p. 32.

libertà è il grande dono per la vera vita[72].

Alla luce di quanto detto, si rende necessario effettuare una riflessione sulla speranza cristiana.

Benedetto XVI il 30 novembre 2007, in occasione della festa di sant'Andrea Apostolo, pubblica la seconda enciclica del suo pontificato: *Spe Salvi*. Dopo essersi soffermato sul tema dell'amore nella sua prima enciclica (*Deus Caritas est*), ora prende in considerazione il grande tema della Speranza Cristiana.

È evidente, pertanto, come il suo pontificato sia stato costituto da una forte impronta biblica-teologica, nonché educativa, dal momento che sin dall'antichità cristiana il tema della speranza ha avuto delle forti ascendenze anche sul percorso di formazione/educazione dei credenti. Il vivere nella speranza, in effetti, è stato da sempre uno degli esercizi fondamentali cui i cristiani si sono sottoposti per conseguire il fine ultimo della loro vita: vivere in e con Dio. L'enciclica è composta di 50 paragrafi e la si può suddividere in due parti; nella prima parte (nn.2-31) si delinea il profilo della Speranza cristiana e si cerca di mettere in luce come essa sia alla base del processo di redenzione di cui i credenti in Cristo sono investiti. Nella seconda parte (nn.32-50), invece, si indicano i luoghi attraverso cui si può apprendere ed esercitare la speranza, ed essi sono la preghiera, l'agire, la sofferenza e il giudizio[73]. L'impianto dell'intera enciclica è fortemente biblico, con continui richiami alla Tradizione del Cristianesimo antico. Il papa, in effetti, si propone di avviare a partire dalla speranza cristianamente intesa un dialogo con la cultura contemporanea, affinché quest'ultima possa trovare nella fede in Cristo la via per la sua completa realizzazione. Cristo è indicato come la speranza ultima e definitiva dell'umanità; in special modo vengono esaminati i fallimenti delle ideologie moderne, quali l'illuminismo, il marxismo, il materialismo. Vi è, del resto, anche una forte critica all'ambiguità del progresso scientifico, il quale portato ai suoi estremi, può svuotare l'umanità della sua

---

[72] BENEDETTO XVI, Che cos'è il Cristianesimo? Quasi un testamento spirituale. A cura di Elio Guerriero e Georg Gänswein, Mondadori, p.73.

[73] R. FABRIS - D. GAROTA – M. GUZZI – C. MILITELLO – M. TENACE, *Salvati nella Speranza*, commento e guida alla lettura dell'enciclica *Spe salvi* di Benedetto XVI, Figlie di san Paolo, Milano 2008, p. 5.

essenza intima fino a condurla alle sorgenti del male. (Ibid. p.6).

A partire da queste considerazioni diventa possibile auspicare ad una vera e propria educazione alla speranza, in quanto la pedagogia di papa Ratzinger affonda le sue radici nei pilastri del Cristianesimo, nell'amore, nella fede e nella speranza. Particolarmente profonda è l'immagine di Cristo maestro che il papa ci presenta quale pastore e filosofo. Ratzinger, riferendosi agli antichi sarcofaghi degli inizi del Cristianesimo, prende in considerazione le due immagini di Cristo quale filosofo e pastore e, a partire da questi due attributi, ci presenta il Signore Gesù vero maestro di vita. L'immagine del filosofo, infatti, indica che il filosofo nell'antichità non era uno studioso dedito ad approfondire questioni accademiche, così come avviene oggi, ma era colui che sapeva insegnare l'arte fondamentale: dell'essere pienamente e autenticamente uomo, del saper vivere e del saper morire. Nell'antichità, del resto, erano noti anche dei filosofi di matrice sofistica che insegnavano a scopo di lucro, ma questi ultimi sulla vita vera non erano in grado di offrire ai propri discepoli nulla di consistente. Il filosofo autentico è Colui che è in grado di indicare la via della vita all'uomo, di renderlo capace di essere pienamente sé stesso[74].

> Verso la fine del terzo secolo incontriamo per la prima volta a Roma, sul sarcofago di un bambino, nel contesto della risurrezione di Lazzaro, la figura di Cristo come del vero filosofo che in una mano tiene il Vangelo e nell'altra il bastone da viandante, proprio del filosofo. Con questo suo bastone Egli vince la morte; il Vangelo porta la verità che i filosofi peregrinanti avevano cercato invano. In questa immagine, che poi per un lungo periodo permaneva nell'arte dei sarcofaghi, si rende evidente ciò che le persone colte come le semplici trovavano in Cristo: Egli ci dice chi in realtà è l'uomo e che cosa egli deve fare per essere veramente uomo. Egli ci indica la via e questa via è la verità [...]. Egli indica anche la via oltre la morte; solo chi è in grado di fare questo, è un vero maestro di vita[75].

È fuori discussione che l'immagine di Cristo maestro e filosofo di

---

[74] BENEDETTO XVI, lettera enciclica, *Spe Salvi*, Libreria Editrice Vaticana 2007, n.6

[75] Loc.Cit.

umanità, di vita, affondi le sue radici nella cultura ellenistica antica. L'immagine del pastore, invece, ha chiare ascendenze nell'arte romana antica. Il pastore era segno di un uomo appagato pienamente, che conduceva un'esistenza serena, semplice e ciò, nella confusione della grande città, costituiva l'indizio di un senso di nostalgia per tale vita. La Chiesa antica, tuttavia, conferì uno scenario nuovo a quest'immagine, la investì di un significato ulteriore e più profondo, vedendo nell'immagine di Cristo, il buon Pastore del Salmo 23.

> Il vero pastore è Colui che conosce anche la via che passa per la valle della morte; Colui che anche sulla strada dell'ultima solitudine, nella quale nessuno può accompagnarmi, cammina con me guidandomi per attraversarla: Egli stesso ha percorso questa strada, è disceso nel regno della morte, l'ha vinta ed è tornato per accompagnare noi ora e darci la certezza che, insieme con Lui, un passaggio lo si trova. La consapevolezza che esiste Colui che anche nella morte mi accompagna e con il suo «bastone e il suo vincastro mi dà sicurezza», cosicché «non devo temere alcun male» (cfr Sal 23,4) – era questa la nuova «speranza» che sorgeva sopra la vita dei credenti[76].

Una speranza, dunque, dai tratti performativi, così come ci informa papa Benedetto che, a partire dalla Lettera agli Ebrei, sottolinea un'altra caratteristica della speranza cristiana, ossia il suo legame interscambiabile con la fede. Oltre a ciò, la speranza è in grado di educare fino a trasformare e rinnovare il cuore dell'uomo e dell'intera società.

> Così possiamo ora dire: il cristianesimo non era soltanto una «buona notizia» – una comunicazione di contenuti fino a quel momento ignoti. Nel nostro linguaggio si direbbe: il messaggio cristiano non era solo «informativo», ma «performativo». Ciò significa: il Vangelo non è soltanto una comunicazione di cose che si possono sapere, ma è una comunicazione che produce fatti e cambia la vita. La porta oscura del tempo, del futuro, è stata spalancata. Chi ha speranza vive diversamente; gli è stata donata una vita

[76] BENEDETTO XVI, lettera enciclica, *Spe Salvi,* op.cit, nn.2-3.

nuova[77].

La speranza cristiana, abilita i credenti a rendere migliore la realtà presente, a valorizzarla con il loro operato; con tutto ciò, essi non devono mai perdere di vista la vera meta verso la quale sono diretti: la patria celeste. La realtà della vita eterna, parte costitutiva del credo cristiano, a causa dei sistemi culturali in voga sembra aver perso la sua valenza per l'uomo contemporaneo. Occorre, allora, una riscoperta della dimensione escatologica della fede, perché i cristiani si riapproprino della loro speranza più autentica. A sostegno di ciò, papa Ratzinger prende in considerazione un altro passo fondamentale della Lettera agli Ebrei per il nostro tema: «La fede è fondamento delle cose che si sperano e prova di quelle che non si vedono» (Eb11,1).

Prima di commentare questo versetto il nostro autore ci informa che, intorno ad esso, si è creata una disputa tra esegeti cattolici e protestanti, fin dall'epoca della Riforma del XVI secolo, ma che oggi sembra si siano creati i presupposti giusti per una sua interpretazione comune. Il termine centrale intorno a cui ruota la disputa è ὑπόστασις, che per i Padri e i teologi del Medioevo era da tradurre con il latino *substantia*, ed è così che fu reso nella Chiesa antica e medievale: la fede è quindi sostanza delle cose che si sperano e la prova delle cose che non si vedono[78]. San Tommaso d'Aquino poi, rifacendosi alla tradizione filosofica in cui era inserito, sostenne che la fede è un *habitus*, cioè una costante disposizione dell'animo grazie alla quale la vita eterna diviene una realtà già presente nel cuore dei credenti e per la quale la ragione viene indotta ad acconsentire a ciò che ancora essa non vede. Essendo già una realtà dinamica e presente nel credente, la vita eterna intesa con il concetto tradizionale di *sostanza* indica una realtà oggettiva ed operante nell'interiorità dell'uomo; pur se essa non appare pienamente all'esterno si coglie, nondimeno, una percezione di essa. Questo crea nell'uomo una certezza della realtà futura che lo aiuta a vivere meglio anche la quotidianità terrena. Martin Lutero (1483-1546) contrariamente a ciò e in forza del fatto che la lettera agli Ebrei non gli stava molto a cuore, intese col termine di ὑπόστασις una predisposizione

[77] Loc.Cit.

[78] BENEDETTO XVI, lettera enciclica, *Spe Salvi,* n.4.

soggettiva del credente inerente alla speranza.

Tralasciando i dettagli della disputa, è evidente che la posizione di Ratzinger è a favore della tesi cattolica e quindi la fede è speranza nella vita eterna: i credenti vivono una tensione costante tra il già della vita presente e il non ancora della realtà futura, della vita eterna.

> La fede non è soltanto un personale protendersi verso le cose che devono venire ma sono ancora totalmente assenti; essa ci dà qualcosa. Ci dà già ora qualcosa della realtà attesa, e questa realtà presente costituisce per noi una «prova» delle cose che ancora non si vedono. Essa attira dentro il presente il futuro, così che quest'ultimo non è più il puro «non-ancora». Il fatto che questo futuro esista, cambia il presente; il presente viene toccato dalla realtà futura, e così le cose future si riversano in quelle presenti e le presenti in quelle future[79].

In questa tensione, peraltro, l'educazione assume tutta la sua importanza, in quanto ha l'arduo compito di addestrare l'uomo a vivere in questa realtà, farla propria perché la sua umanità cresca, si fortifichi e si realizzi del tutto. L'intera riflessione ratzingeriana sulla speranza si riferisce al vivere e al morire dell'uomo di ogni tempo. Alla luce di ciò, il papa si chiede se la speranza della vita eterna sia valida anche per noi oggi ed abbia anche, per il nostro tempo, la capacità di sorreggere, trasformare e irradiare la nostra esistenza. Nell'elaborare una risposta a questo quesito, come è suo solito, fa riferimento alla Chiesa antica, rifacendosi al dialogo della formula battesimale tra i genitori e il celebrante. In tale dialogo emerge chiaramente come, nella richiesta da parte dei genitori del sacramento del battesimo per i loro piccoli, fosse insita anche la speranza per la vita eterna, che questi nutrivano. In vista della vita eterna, i genitori chiedevano i sacramenti alla Chiesa per i loro figli: i sacramenti, in questa concezione, costituiscono una caparra per il conseguimento della vita eterna.

Potremmo dire che l'uomo per sua natura aspiri alla vita eterna, ma al tempo stesso questa aspirazione non lo allieta più di tanto, anzi sembra che

[79] Loc.Cit.

si ponga addirittura come un ostacolo alla sua completa realizzazione. Questa contraddizione intrinseca nell'uomo, secondo Ratzinger, è dovuta alla sua stessa finitudine e incapacità di comprendere che cosa sia la vita in sé e che cosa sia l'eternità. Rifacendosi a sant'Ambrogio, il nostro autore ribadisce come il mistero stesso della morte sia penetrato nel mondo a causa della trasgressione dell'uomo; doveva essere posto un termine al male che alberga nell'intimo dell'uomo, affinché la morte gli restituisse ciò che la vita gli aveva fatto perdere. Papa Benedetto illustra questo disagio che vive l'uomo con le parole di Sant'Agostino nella sua *Lettera sulla Preghiera* indirizzata a Proba, vedova romana e madre di tre consoli.

> In fondo vogliamo una sola cosa – «la vita beata», la vita che è semplicemente vita, semplicemente «felicità». Non c'è, in fin dei conti, altro che chiediamo nella preghiera. Verso nient'altro ci siamo incamminati – di questo solo si tratta. Ma poi Agostino dice anche: guardando meglio, non sappiamo affatto che cosa in fondo desideriamo, che cosa vorremmo propriamente. Non conosciamo per nulla questa realtà; anche in quei momenti in cui pensiamo di toccarla non la raggiungiamo veramente [...]. «C'è dunque in noi una, per così dire, dotta ignoranza» (*docta ignorantia*), egli scrive. Non sappiamo che cosa vorremmo veramente; non conosciamo questa «vera vita»; e tuttavia sappiamo, che deve esistere un qualcosa che noi non conosciamo e verso il quale ci sentiamo spinti[80].

L'educazione rivela tutta la sua efficacia in quanto non solo educa a prendere coscienza di questa nostra tensione interiore contradditoria, ma aiuta anche a superarla, a vincerla. Una delle finalità principali della παιδεία cristiana, in effetti, è proprio quella di fasciare nel cuore dell'uomo le ferite procurategli dal peccato di Adamo. In forza di questo l'educazione integrale della persona conduce ad apprendere ed approfondire il mistero della morte, della vita, dell'eternità e dell'esistenza in quanto tale.

Un altro aspetto da considerare riguardo la speranza cristiana è il pericolo che essa possa essere interpretata erroneamente. Nell'epoca moderna, appunto, è stata accusata di relegare i cristiani in un mero

[80] BENEDETTO XVI, lettera enciclica, *Spe Salvi*,n.10.

individualismo, nel senso che essi, vivendo nella speranza, si disimpegnano del tutto della vita comunitaria e sociale, e ripongono le loro aspirazioni esclusivamente nella vita ultraterrena. Ciò Ratzinger lo smentisce apertamente, facendo riferimento ad un pilastro della teologia contemporanea: Henri de Lubac il quale, fortemente radicato nella teologia dei Padri della Chiesa, non manca di sottolineare che tali critiche rivolte alla speranza cristiana sono del tutto infondate, dal momento che una delle peculiarità di tale speranza risiede proprio nella sua forte dimensione comunitaria. La speranza cristiana si fonda sulla realtà stessa della redenzione operata da Cristo a favore di tutti e, quindi, il vivere nella speranza non può prescindere dall'avere una forte demarcazione comunitaria: la salvezza biblico-cristiana è esattamente comunitaria. Sono, come al solito, evocate le parole dell'Ipponate a dissolvere l'equivoco.

> Poi cita il *Salmo* 144 [143],15: «Beato il popolo il cui Dio è il Signore». E continua: «Per poter appartenere a questo popolo e giungere [...] alla vita perenne con Dio, "il fine del precetto è l'amore che viene da un cuore puro, da una coscienza buona e da una fede sincera" (1 Tim 1,5)». Questa vita vera, verso la quale sempre cerchiamo di protenderci, è legata all'essere nell'unione esistenziale con un «popolo» e può realizzarsi per ogni singolo solo all'interno di questo «noi». Essa presuppone, appunto, l'esodo dalla prigionia del proprio «io», perché solo nell'apertura di questo soggetto universale si apre anche lo sguardo sulla fonte della gioia, sull'amore stesso – su Dio[81].

È chiaro che la speranza cristiana, contrariamente a quanto le si rimproverava, ha da sempre costituito per l'umanità, una strada preferenziale attraverso cui sconfiggere l'egoismo, valorizzando pienamente il tempo presente, in forza proprio della sua capacità di poter aspirare in Cristo alla vita eterna.

Il primo luogo dove è possibile apprendere ed esercitare la speranza, papa Benedetto lo indica nella preghiera, la quale ci viene presentata come una vera e propria scuola della speranza. Essa, infatti, nel metterci in contatto con Dio ci libera, ci purifica, ci educa e ci rende capaci di

[81] Loc.Cit.

relazione autentica sia con Dio sia con il prossimo. D'altra parte, la preghiera insegna anche a vivere in comunione, non è un'oasi dove l'uomo si rinchiude lontano dal mondo e dai suoi problemi: ha quindi una forte dimensione sociale, nonché catartica, poiché ci allontana dall'egoismo e immette in relazione con i fratelli, oltre che con Dio. In modo emblematico, l'Ipponate ha illustrato il legame profondo che intercorre tra la preghiera e la speranza, in una *Omelia sulla Prima lettera di san Giovanni Apostolo.* Agostino ritiene che la preghiera sia un esercizio del desiderio dell'uomo; dato che l'uomo è stato fatto per Dio e per essere da Lui portato a compiere un processo di crescita e perfezione, occorre che il suo cuore sia educato ad accogliere Dio stesso.

> Agostino rimanda a san Paolo che dice di sé di vivere proteso verso le cose che devono venire (cfr Fil 3,13). Poi usa un'immagine molto bella per descrivere questo processo di allargamento e di preparazione del cuore umano. «Supponi che Dio ti voglia riempire di miele [simbolo della tenerezza di Dio e della sua bontà]. Se tu, però, sei pieno di aceto, dove metterai il miele?» Il vaso, cioè il cuore, deve prima essere allargato e poi pulito: liberato dall'aceto e dal suo sapore. Ciò richiede lavoro, costa dolore, ma solo così si realizza l'adattamento a ciò a cui siamo destinati[82].

È utile educare il proprio modo di pregare, coltivare, oltre alla preghiera pubblica, che raggiunge il suo apice nella celebrazione eucaristica, anche quella privata, affinché possa divenire una vera fonte di speranza.

Un secondo luogo di apprendimento della speranza è costituito dall'agire e dalla sofferenza. L'educazione cristiana fa sì che l'uomo acquisisca la consapevolezza che tutto il suo agire, essendo finalizzato al perseguimento del bene, è speranza in atto. Malgrado i limiti, i fallimenti, le fragilità di cui si è segnati, la fede cristiana educa innanzitutto a sperare contro ogni speranza (cfr Rm 4,18). In questa logica ogni azione dei credenti riceve il giusto orientamento: custodire e curare le fonti della creazione, contribuire a rendere il mondo migliore e sempre più autenticamente umano. Queste stesse azioni, quindi, divengono per l'uomo

---

[82] BENEDETTO XVI, lettera enciclica, *Spe Salvi*, nn.33-34.

apprendimento ed esercizio costante della speranza. Il campo entro cui operiamo nel quotidiano si tramuta in una vera e propria pratica della speranza.

La παιδεία cristiana, inoltre, ha da sempre attribuito un valore fortemente educativo ed espiatorio anche alla sofferenza. Il dolore inteso sia in senso fisico sia psichico, il male nel mondo, possono essere combattuti con le armi della fede, ma non possono essere eliminati totalmente, potere quest'ultimo di cui dispone solo Dio. La fede cristiana è in grado di conferire un senso nuovo al dolore e alla sofferenza, i quali, vissuti nella logica della Croce, divengono per l'uomo una vera e propria scuola di educazione alla speranza.

Proprio là dove gli uomini, nel tentativo di evitare ogni sofferenza, cercano di sottrarsi a tutto ciò che potrebbe significare patimento, là dove vogliono risparmiarsi la fatica e il dolore della verità, dell'amore, del bene, scivolano in una vita vuota, nella quale forse non esiste quasi più il dolore, ma si ha tanto maggiormente l'oscura sensazione della mancanza di senso e della solitudine. Non è lo scansare la sofferenza, la fuga davanti al dolore, che guarisce l'uomo, ma la capacità di accettare la tribolazione e in essa di maturare, di trovare senso mediante l'unione con Cristo, che ha sofferto con infinito amore[83].

Cristo diventa il centro, il principio e il fine dell'esistenza credente dell'uomo. Egli è la vera speranza verso cui siamo diretti, è Lui il Maestro che educa i suoi discepoli, è Lui che con la sua Parola ha ancora tanto da dire ed insegnare al mondo, è Lui che ci rende pienamente e autenticamente umani. La pedagogia ratzingeriana ha un carattere spiccatamente cristocentrico. La speranza cristiana aiuta i credenti a sperare in Cristo anche quando ciò diventa umanamente impossibile ed impensabile. In virtù di questo, perché il mondo sia reso più umano, più giusto e ci sia più amore e meno odio, è opportuno promuovere una vera e propria educazione della speranza.

Il terzo ed ultimo aspetto, che papa Benedetto ci indica come luogo appropriato in cui la speranza può essere appresa ed esercitata, è il

---

[83] BENEDETTO XVI, lettera enciclica, *Spe Salvi*, nn.35-37.

Giudizio: esso è parte integrante del credo cristiano, infatti il Signore Gesù «verrà nella Gloria per giudicare i vivi e i morti» e portare a compimento definitivamente il Regno di Dio. Strettamente legato a questo avvenimento escatologico della fede è, fin dall'antichità cristiana, il tema della speranza e del trionfo definitivo della Giustizia di Dio sulle ingiustizie del mondo, della storia. I cristiani della Chiesa antica assumevano a criterio della propria vita la prospettiva del Giudizio che Dio, alla venuta di Cristo, avrebbe pronunciato sui loro pensieri ed azioni; si accresceva nelle comunità antiche un forte senso di responsabilità in vista di tale evento e si cercava di praticare la giustizia. Di questa realtà abbiamo ampie prove anche nell'iconografia cristiana dei primi secoli; tuttavia, essa tendeva più a mettere in risalto la figura di Cristo Giudice che non quella della speranza che tale avvenimento preannunciava e costituisce per i cristiani.

Nella conformazione degli edifici sacri cristiani, che volevano rendere visibile la vastità storica e cosmica della fede in Cristo, diventò abituale rappresentare sul lato orientale il Signore che ritorna come re – l'immagine della speranza –, sul lato occidentale, invece, il Giudizio finale come immagine della responsabilità per la nostra vita, una raffigurazione che guardava ed accompagnava i fedeli proprio nel loro cammino verso la quotidianità[84].

La speranza per eccellenza consiste, dunque, nel farsi trovare pronti e degni della visita del Cristo re, il quale con la sua venuta nella Gloria, la παρουσία, stabilirà la Giustizia di Dio che salva l'umanità e il mondo. È evidente, pertanto, la portata ampiamente educativa che la παρουσία ha, fin dai primi secoli, esercitato nella vita dei credenti, i quali vivevano nella speranza che questo evento si verificasse al più presto affinché Dio si manifestasse come l'unico e solo Sovrano della storia e l'amore dichiarasse la sua vittoria definitiva sul male, sul peccato, sulla morte.

Ratzinger è del parere che con l'avvento dell'epoca moderna e, in particolar modo con l'affermarsi dell'ateismo, l'uomo moderno ha smarrito questa speranza, relegandola esclusivamente nel progresso dell'uomo, nella tecnica. Oltre a ciò, la speranza cristiana oggi risente di un certo

---

[84] BENEDETTO XVI, lettera enciclica, *Spe Salvi*, n.41.

individualismo, perdendo così la sua immensa portata cosmica. Dinanzi a questo scenario, il papa ritiene opportuna una vera rieducazione alla speranza, perché il cristianesimo possa riaprire all'uomo la porta del cielo che una certa concezione di modernità gli ha chiuso.

> Per questo la fede nel Giudizio finale è innanzitutto e soprattutto speranza – quella speranza, la cui necessità si è resa evidente proprio negli sconvolgimenti degli ultimi secoli. Io sono convinto che la questione della giustizia costituisce l'argomento essenziale, in ogni caso l'argomento più forte, in favore della fede nella vita eterna[85].

Il giudizio di Dio diventa luogo di apprendimento ed esercizio della speranza, in quanto pone i credenti nella seguente logica: Giustizia e Grazia vivono un rapporto vicendevole e complementare, entrambe non si escludono – come una certa visione di fede sembra voler far trasparire ai nostri giorni – ma si completano. L'uomo, educandosi a vivere in questa prospettiva, non vedrà più nell'immagine del Giudizio di Dio un'esperienza terrificante, ma di liberazione e salvezza. La παιδεία, quindi, fin dai primi secoli del Cristianesimo, ha plasmato ogni ambito della vita dei credenti con uno spirito educativo, conferendo ad ogni atto di fede un carattere purificante e salvifico.

> Davanti al suo sguardo si fonde ogni falsità. È l'incontro con Lui che, bruciandoci, ci trasforma e ci libera per farci diventare veramente noi stessi. Le cose edificate durante la vita possono allora rivelarsi paglia secca, vuota millanteria e crollare. [...]. Il suo sguardo, il tocco del suo cuore ci risana mediante una trasformazione certamente dolorosa «come attraverso il fuoco». È, tuttavia, un dolore beato, in cui il potere santo del suo amore ci penetra come fiamma, consentendoci alla fine di essere totalmente noi stessi e con ciò totalmente di Dio[86].

In queste affermazioni appare in tutta la sua forza come, nel pensiero di Ratzinger, sia radicata la profonda convinzione che il Maestro per

---

[85] BENEDETTO XVI, op.cit. nn.42-43.

[86] BENEDETTO XVI, op.cit. nn.44-47.

eccellenza dell'umanità sia Gesù Cristo, l'Uomo-Dio. Di conseguenza, l'educazione, la πάιδεια autenticamente intesa, non può che partire dal suo riferimento fondamentale e cioè da Cristo. L'educazione cristiana ha in Cristo l'inizio ed il termine del processo di completamento ed elevazione dell'umanità. Educare alla speranza vuol dire, quindi, riavvicinare l'umanità del nostro tempo alle sorgenti della fede, aiutare l'uomo odierno ad incontrarsi con il Signore, a vivere nel suo Corpo e a cooperare alla completa instaurazione della Signoria di Dio sul mondo e sulla Storia.

Benedetto XVI nel 29 giugno del 2009 pubblica la terza enciclica del suo pontificato: *Caritatis in veritate*. Questo documento si inserisce a pieno titolo nella lunga scia del magistero ecclesiastico sulla dottrina sociale. È nostro preciso intento limitarci a fare solo alcune considerazioni principali su questa enciclica e rilevarne, per quanto ci sarà possibile, i suoi apporti al tema dell'educazione.

Il binomio carità-verità lo si può definire come la stella polare dell'intero magistero ratzingeriano. Egli, pertanto, ritiene che questi due aspetti della vita, investono l'intera vicenda dell'umana esistenza e non solo quella della sfera individuale e privata, ma anche quella della vita pubblica e sociale.

> La carità è la via maestra della dottrina sociale della Chiesa. Ogni responsabilità e impegno delineati da tale dottrina sono attinti alla carità che, secondo l'insegnamento di Gesù, è la sintesi di tutta la Legge (cfr *Mt*_22,36-40). Essa dà vera sostanza alla relazione personale con Dio e con il prossimo; è il principio non solo delle micro-relazioni: rapporti amicali, familiari, di piccolo gruppo, ma anche delle macro-relazioni: rapporti sociali, economici, politici. Per la Chiesa — ammaestrata dal Vangelo — la carità è tutto perché, come insegna san Giovanni (cfr *1 Gv*_4,8.16) e come ho ricordato nella mia prima Lettera enciclica, «Dio è carità» (*Deus caritas est*): *dalla carità di Dio tutto proviene, per essa tutto prende forma, ad essa tutto tende*. La carità è il dono più grande che Dio abbia dato agli uomini, è sua promessa e nostra speranza)[87].

[87] BENEDETTO XVI, lett.enc, *Caritas in Veritate*, Libreria Editrice Vaticana 2009, n.2.

Da ciò è evidente quanto sia importante per la società odierna riappropriarsi di questi due valori fondamentali della carità-verità. Il papa, tuttavia, è pienamente cosciente degli sviamenti e degli svuotamenti di senso cui questo prezioso binomio – carità-verità – è andato e va incontro in questo nostro tempo.

> In ambito sociale, giuridico, culturale, politico, economico, ossia nei contesti più esposti a tale pericolo, ne viene dichiarata facilmente l'irrilevanza a interpretare e a dirigere le responsabilità morali. Di qui il bisogno di coniugare la carità con la verità non solo nella direzione, segnata da san Paolo, della *«veritas in caritate»* (*Ef* 4,15), ma anche in quella, inversa e complementare, della *«caritas in veritate»*. La verità va cercata, trovata ed espressa nell'«economia» della carità, ma la carità a sua volta va compresa, avvalorata e praticata nella luce della verità[88].

Sono due dimensioni, carità e verità, che si richiamano a vicenda, sono complementari e perciò stesso, ambedue vanno tenute sempre insieme in ogni ambito della vita privata e sociale, la loro disgiunzione compromette la dignità stessa dell'uomo e della sua vita.

> Senza verità, la carità scivola nel sentimentalismo. L'amore diventa un guscio vuoto, da riempire arbitrariamente. È il fatale rischio dell'amore in una cultura senza verità. Esso è preda delle emozioni e delle opinioni contingenti dei soggetti, una parola abusata e distorta, fino a significare il contrario. La verità libera la carità dalle strettoie di un emotivismo che la priva di contenuti relazionali e sociali, e di un fideismo che la priva di respiro umano ed universale. Nella verità la carità riflette la dimensione personale e nello stesso tempo pubblica della fede nel Dio biblico, che è insieme *«Agape»* e *«Lógos»*: Carità e Verità, Amore e Parola[89].

L'educazione cristiana si presta ad essere un supporto indispensabile perché le due tensioni della carità e verità siano sempre tenute in armonia,

---

[88] Loc.Cit.

[89] BENEDETTO XVI, Op. Cit., n.4.

pur nella dovuta distinzione e contribuiscano alla piena e matura realizzazione dell'uomo.

> Nell'attuale contesto sociale e culturale, in cui è diffusa la tendenza a relativizzare il vero, vivere la carità nella verità porta a comprendere che l'adesione ai valori del Cristianesimo è elemento non solo utile, ma indispensabile per la costruzione di una buona società e di un vero sviluppo umano integrale. Un Cristianesimo di carità senza verità può venire facilmente scambiato per una riserva di buoni sentimenti, utili per la convivenza sociale, ma marginali. In questo modo non ci sarebbe più un vero e proprio posto per Dio nel mondo. Senza la verità, la carità viene relegata in un ambito ristretto e privato di relazioni. È esclusa dai progetti e dai processi di costruzione di uno sviluppo umano di portata universale, nel dialogo tra i saperi e le operatività[90].

Verità e carità – che per il papa emerito, sono il cuore del messaggio biblico – ci vengono indicate come delle dimensioni costitutive, perché la società attuale possa aspirare a conseguire uno sviluppo umano integrale ed autentico. Da qui l'urgenza di promuovere un'educazione ai valori propri e costitutivi del Cristianesimo perché il mondo possa ritrovare la forza di coltivare la speranza di realizzarsi pienamente. Del resto, papa Ratzinger a partire dal binomio carità-verità auspica che, malgrado il marasma culturale che regna nel nostro tempo, si giunga ad una fraternità universale tra gli uomini. Tale condizione però diventa irrealizzabile se non ci si educa a coltivare altri due valori fondamentali che sono quello della giustizia e del bene comune.

> Il dialogo fecondo tra fede e ragione non può che rendere più efficace l'opera della carità nel sociale e costituisce la cornice più appropriata per incentivare la *collaborazione fraterna tra credenti e non credenti* nella condivisa prospettiva di lavorare per la giustizia e la pace dell'umanità. Nella Costituzione pastorale *Gaudium et spes* i Padri conciliari affermavano: «Credenti e non credenti sono generalmente d'accordo nel ritenere che tutto quanto esiste sulla terra deve

---

[90] BENEDETTO XVI, Op. Cit., nn.5-7.

> essere riferito all'uomo, come a suo centro e a suo vertice» [136]. Per i credenti, il mondo non è frutto del caso né della necessità, ma di un progetto di Dio. Nasce di qui il dovere che i credenti hanno di unire i loro sforzi con tutti gli uomini e le donne di buona volontà di altre religioni o non credenti, affinché questo nostro mondo corrisponda effettivamente al progetto divino: vivere come una famiglia, sotto lo sguardo del Creatore[91].

La vera vocazione dell'uomo è di abitare il mondo, il proprio tempo, la propria storia, la propria quotidianità, con la consapevolezza di essere in Cristo figlio del Padre, grazie al dono dello Spirito, e di collaborare con i fratelli e le sorelle a realizzare il Regno di Dio. Tale progetto è il progetto di Dio per gli uomini e l'educazione cristiana ha come suo obiettivo quello di aiutare la Chiesa e, con essa la società, a rendere questo progetto credibile e realizzabile. Tuttavia, tale progetto riceve sostegno e efficacia nella misura in cui la Chiesa riesce a rendere sempre più proficuo il dialogo tra fede e ragione.

> Con il termine "educazione" non ci si riferisce solo all'istruzione o alla formazione al lavoro, entrambe cause importanti di sviluppo, ma alla formazione completa della persona. A questo proposito va sottolineato un aspetto problematico: per educare bisogna sapere chi è la persona umana, conoscerne la natura. L'affermarsi di una visione relativistica di tale natura pone seri problemi all'educazione, soprattutto all'educazione morale, pregiudicandone l'estensione a livello universale. Cedendo ad un simile relativismo, si diventa tutti più poveri, con conseguenze negative anche sull'efficacia dell'aiuto alle popolazioni più bisognose, le quali non hanno solo necessità di mezzi economici o tecnici, ma anche di vie e di mezzi pedagogici che assecondino le persone nella loro piena realizzazione umana[92].

L'educazione, per essere efficiente, deve mirare all'integralità della persona umana; per questo occorre ripresentare una visione antropologica

[91] BENEDETTO XVI, Op. Cit., n.57.

[92] BENEDETTO XVI, Op. Cit., n.61.

biblico-cristiana, in quanto è la sola capace di colmare il vuoto esistenziale che da sempre alberga nel cuore dell'uomo. In questa direzione, e solo in essa, le nuove generazioni potranno ambire a vivere un futuro migliore. La παιδεία cristiana, con il suo forte richiamo ai valori antichi della fede, si presta bene a colmare il vuoto etico che si cela nel cuore dell'uomo odierno. Essa esercita anche una funzione liberante nei confronti delle mode attuali, che spesso ledono, offendono e svuotano l'uomo della sua intima dignità[93]. Tuttavia, il suo processo nei confronti della piena realizzazione dell'uomo e, quindi dell'instaurazione dell'umanesimo cristiano, è ostacolato fortemente da una visione della realtà nichilistica che si impone forte ai nostri giorni. Il nichilismo mira ad una lenta ma inesorabile svalutazione dei valori supremi, che da sempre hanno costituito i pilastri della civiltà dell'uomo; per questo si fa intensa l'esigenza di recuperare i grandi valori: la verità, la ricerca del bene, la via della bellezza, affinché l'uomo si ricostituisca pienamente nel suo essere.

> La maggiore forza a servizio dello sviluppo è quindi un umanesimo cristiano, che ravvivi la carità e si faccia guidare dalla verità, accogliendo l'una e l'altra come dono permanente di Dio. La disponibilità verso Dio apre alla disponibilità verso i fratelli e verso una vita intesa come compito solidale e gioioso. Al contrario, la chiusura ideologica a Dio e l'ateismo dell'indifferenza, che dimenticano il Creatore e rischiano di dimenticare anche i valori umani, si presentano oggi tra i maggiori ostacoli allo sviluppo. *L'umanesimo che esclude Dio è un umanesimo disumano* [...]. Dio ci dà la forza di lottare e di soffrire per amore del bene comune, perché Egli è il nostro Tutto, la nostra speranza più grande[94].

Un'educazione autentica non conferisce delle soluzioni immediate ai problemi che l'esistenza pone alla vita dell'uomo, ma al contrario contribuisce alla sua crescita poiché gli impartisce un metodo attraverso cui l'uomo diviene in grado di porsi interrogativi e gli offre degli strumenti che possano, poi eventualmente, presentargli delle possibili risposte.

---

[93] M. G. MASCIARELLI, *Il grido di Benedetto XVI*, op.cit., pp,11-13.

[94] BENEDETTO XVI, lett.enc, *Caritas in Veritate*, Libreria Editrice Vaticana 2009, n. 78.

V CAPITOLO

L'Emergenza educativa in Joseph Ratzinger

Risulta interessante fare alcune considerazioni sulla Lettera che Ratzinger indirizzò alla diocesi di Roma sull'emergenza educativa.

Si affronta la questione della frattura creatasi tra le nuove e le vecchie generazioni. Ciò, tuttavia, è più l'effetto che la causa di una mancanza di trasmissione di valori e principi morali capaci di offrire alle nuove generazioni basi culturali e etiche solide. Occorre riconoscere la crisi antropologica che attraversa il nostro tempo: identità smarrite, il concetto di 'persona' sempre più sovrastato da un individualismo imperante. Dinanzi a questo scenario la famiglia, la scuola e la società devono prendere coscienza del fallimento educativo in atto a tutti i livelli.

Ratzinger esorta tutti coloro che sono coinvolti in prima linea nell'educazione a non avere paura.

Egli è del parere che i valori e i principi etici del passato non si ereditano, ma necessitano in ogni epoca di transizione di essere 'appresi', 'conosciuti e acquisiti nuovamente. Si rende, dunque, necessario l'applicazione di un nuovo linguaggio che sappia proporre un'educazione capace di conferire alle nuove generazioni un orizzonte di senso credibile.

> Per rendere più concrete queste mie riflessioni, può essere utile individuare alcune esigenze comuni di un'autentica educazione. Essa ha bisogno anzitutto di quella vicinanza e di quella fiducia che nascono dall'amore: penso a quella prima e fondamentale esperienza dell'amore che i bambini fanno, o almeno dovrebbero fare, con i loro genitori. Ma ogni vero educatore sa che per educare deve donare qualcosa di se stesso e che soltanto così può aiutare i suoi allievi a superare gli egoismi e a diventare a loro volta capaci di autentico amore.

Il primo habitat dell'educazione per Ratzinger è la Chiesa domestica: la famiglia. La cura e la premura per l'infante accompagnata da una appassionata spiegazione dei 'perché' della vita. Ratzinger conosce le fasi più importanti attraverso cui si esplica il processo educativo-evolutivo dell'essere umano: infanzia, adolescenza, età adulta. Auspica, inoltre, che si crei un'armonia tra libertà e disciplina. Promuove un'azione educativa che non esclude la dimensione della sofferenza quale condizione propria della vita. Mette in guardia affinché vi sia un uso sapiente della libertà e avverte il mondo degli adulti a non assecondare mai il male in tutte le sue forme che, non poche volte, attanaglia il cuore dei più fragili, dei più piccoli, dei più disorientati, dei giovani. Nella lettera di Benedetto XVI emerge il ritratto del vero educatore: colui che oltre ad 'insegnare' dei valori o dei principi morali li vive. Il silenzio della testimonianza dice molto di più, specialmente ai più giovani, della vanagloria delle parole. Degna di nota quanto segue:

> Anima dell'educazione, come dell'intera vita, può essere solo una speranza affidabile. Oggi la nostra speranza è insidiata da molte parti e rischiamo di ridiventare anche noi, come gli antichi pagani, uomini "senza speranza e senza Dio in questo mondo", come scriveva l'apostolo Paolo ai cristiani di Efeso (Ef 2,12). Proprio da qui nasce la difficoltà forse più profonda per una vera opera educativa: alla radice della crisi dell'educazione c'è infatti una crisi di fiducia nella vita.

Promuovere una paideia cristiana è un tentativo possibile dal momento che il concetto di educazione in Joseph Ratzinger si traduce in una educazione iniziatica alla fede. Ciò costituisce il vertice di ogni processo di formazione umana.

Ratzinger ha avuto a cuore un passo del Vangelo che lo ha, per così dire, guidato e accompagnato dall'inizio alla fine del suo mirabile pontificato: (Lc 5, 1-11) "La pesca miracolosa"[95]. In tale pericope del vangelo emerge tutta la bellezza e la forza propulsiva della fede. Credere in Dio pone l'uomo in un dinamismo costante che lo aiuta a crescere, a maturare e ad evolversi. "Gettare le reti" della nostra esistenza sulla Parola educante del Maestro non ci mette al riparo dalle tempeste e dai naufragi della vita, ma ci dona la certezza che li possiamo attraversare. In questa traversata del "Mar Rosso" delle nostre inquietudini non "siamo mai soli"[96].

---

[95] BENEDETTO XVI, Con Dio non sei mai solo, a cura di A.M. Turco-L.Fazzini, Rizzoli p. 19).

[96] J. RATZINGER – BENEDETTO XVI, Servitori della Verità, riflessione sull'educazione, a cura di L. Monari, editrice La Scuola, pp. 35-41).

In occasione dell'udienza Generale del 7 novembre 2012 nell'anno dedicato alla fede, papa Ratzinger tenne una catechesi in cui affrontò il tema: "l'uomo è capace di Dio". In tale occasione, Ratzinger parlò di una vera e propria pedagogia del desiderio. Nonostante nel clima culturale odierno si respira un'aria refrattaria al trascendente, in una società in cui impera il relativismo etico e il nichilismo filosofico grazie al quale la cultura è stata spogliata da tutti gli ideali e i valori supremi, Ratzinger intercetta nel cuore dell'uomo di oggi una certa 'nostalgia' di Dio. Egli, dunque, auspica che si promuova una pedagogia atta a far "scoprire" e "riscoprire" all'uomo del terzo millennio le gioie autentiche dell'esistenza in tutti gli ambiti della sua vita: famiglia, scuola, amicizie, all'interno della comunità ecclesiale. È necessario che i credenti in primis, tessano relazioni autentiche soprattutto con i non credenti. L'arduo compito dell'educazione cristiana è quello di "risvegliare" nell'uomo il senso e il gusto della bellezza e della giustizia, della verità e dell'amore. (Benedetto XVI, Udienza Generale, piazza San Pietro, mercoledì, 7 febbraio 2012).

Detto questo, un aspetto interessante che è possibile cogliere in tutti gli ambiti entro cui ha espletato la sua attività accademica, teologica, pastorale e culturale è la sua capacità unica di 'tenere insieme' senza mai dividere né separare così come senza mai contrapporre, né confondere i diversi aspetti della fede. Peculiarità, infatti, del suo metodo d'indagine teologica-speculativa consisteva nel fatto che, egli nel rilevare un problema che fosse di natura teologica, filosofica, antropologica o politica-sociale, eseguiva una vera e propria diagnosi. Cosicché, dopo che aveva esaminato con diligenza, tutti i casi che tale problema comportava, indicava poi la soluzione più efficace per la cura o il superamento del problema stesso. Ratzinger ha sempre avuto una visione teologica della storia lungimirante e profetica e con intelletto fine e sapiente ha lasciato alla Chiesa e al mondo un'eredità culturale e spirituale dal valore inestimabile. Il suo pensiero è caratterizzato da una costante: tra le varie teorie, talvolta, in contrapposizione tra loro in ambito teologico-culturale, egli è stato l'uomo della sintesi. Ha indicato più volte, la complementarietà come l'unica strada possibile per un dialogo proficuo tra fede e ragione. Instancabilmente, ha sottolineato la valenza educativa che la Parola di Dio ha nella vita dei credenti e dell'umanità in generale. Come Frye, Schöpflin, Ravasi, Arione, a più riprese, e, in diverse occasioni, ha evidenziato l'impatto che il Testo Sacro ha avuto sulla cultura e sulla letteratura mondiale, definendo la Parola di Dio il grande codice della cultura occidentale e non solo. Essa, infatti, è stata sempre per lui una vera e propria scuola di *'paideia'* per la vita dell'uomo, per la sua crescita interiore, culturale e spirituale e per la sua realizzazione globale.

> Vediamo proprio oggi come l'educazione della personalità nella sua integralità, l'educazione alla responsabilità davanti a Dio e davanti all'uomo, sia la vera condizione di ogni progresso, di ogni pace, di ogni riconciliazione ed esclusione della violenza. Educazione davanti a Dio e davanti all'uomo: è la Sacra Scrittura che ci offre la guida dell'educazione e così del vero umanesimo[97].

Inoltre, Ratzinger è stato testimone e protagonista del grande evento del Concilio Vaticano II (1962-1965), che ha segnato in maniera indelebile la storia del Cristianesimo odierno. L'avventura del concilio costituì per lui una svolta importante riguardo al suo pensiero e alla sua teologia. Affiancò come perito esperto il cardinale Frings con la quale contribuì alla stesura di diversi documenti e in quegli anni si confrontò con studiosi come Congar, Daniélou, Rahner. Egli, peraltro, tra le due posizioni contrapposte: progressisti e conservatori si è fatto promotore di un'ermeneutica della continuità. Indicando con ciò, la necessità di tenere 'sempre insieme' da un lato il patrimonio bimillenario della fede e della tradizione cristiana e dall'altro lato, ha sollecitato ed esortato il popolo di Dio ad accogliere le istanze e le esigenze che la post-modernità imponeva, affinché la Chiesa potesse portare con credibilità e speranza il medesimo ed unico Vangelo all'uomo contemporaneo. Il Concilio, infatti, non ha apportato cambiamenti o mutamenti alla fede di carattere dottrinale, per lo più, ha "aggiornato" il linguaggio e le strategie pastorali per annunciare con più efficacia e chiarezza, la stessa e medesima fede che Cristo e gli Apostoli ci hanno tramandato.

> L'esigenza era quella di elaborare una nuova visione non solo economica e politica ma anche culturale e spirituale capace di interpretare le nuove dinamiche che il moderno

---

[97] BENEDETTO XVI, *Pensieri sulla Parola di Dio*, (a cura di L. Coco), Libreria Editrice Vaticana 2008, p.326.

poneva di fronte. Il Vaticano II doveva descrivere una Chiesa in cammino che si confrontava con se stessa, con le componenti che la costituivano al suo interno, riflettendo sulla gerarchia, sulla liturgia, sulla centralità della Sacra Scrittura, ed estendendo questo suo sforzo di comprensione al mondo circostante nel quale essa è immersa e al quale essa ha il compito di portare il frammento vivo di Cristo. (BENEDETTO XVI, *Pensieri sul Concilio Vaticano II*, op. cit. p.10).

Successivamente, non meno importante fu la sua collaborazione con i noti teologi De Lubac e Baltashar con la quale fondò negli anni '70 la rivista internazionale di teologia *Communio*. Papa Benedetto XVI, pertanto, durante l'intero corso della sua vita e speculazione culturale, ha ribadito con vitalità, l'importanza di riscoprire e rivalorizzare le fonti della fede: la Bibbia, i Padri della Chiesa, la Tradizione e la stessa Rivelazione divina, che è iscritta nella natura. L'intera creazione – per papa Ratzinger – è un libro scritto da Dio per rivelarsi all'uomo e per mostrargli la sua gloria. Non ha mai mancato di evidenziare quanto questo nostro tempo sia complesso e difficile dal punto di vista culturale e spirituale, ma al tempo stesso ci ha mostrato anche che l'epoca attuale è ricca grandi opportunità per la Chiesa e la sua missione nel mondo. Basta considerare quanto siano ricorrenti nel suo Magistero i temi più emergenti del dibattito culturale odierno: "l'emergenza educativa", "individualismo e relativismo", "la questione del progresso in riferimento alle istanze dell'etica cristiana", "l'ambiente" e così via. A tal riguardo, si pensi alle fragilità antropologiche insorte a causa della pandemia e allo smarrimento di senso a cui assistiamo nel periodo della post-pandemia. Tanti giovani, specie all'età dell'adolescenza, sono fragili e hanno molte domande che meritano delle risposte: quale è il senso della vita? Perché confrontarsi con la sofferenza e con il dolore? Come colmare il loro bisogno di amore che, il più delle volte, resta per i loro interlocutori un grido inascoltato? Tutto questo li confonde, li agita e si ritrovano spesso soli e insicuri.

Papa Ratzinger ha sempre mostrato un'attenzione peculiare nella cura all'educazione dei giovani.

È possibile cogliere nei suoi scritti molteplici esortazioni che invitano i giovani a riscoprire nella bellezza della fede il valore più recondito della loro esistenza.

A ciò, si aggiunge un ulteriore aspetto: per far sì che nostri giovani siano 'salvi', è necessario che gli adulti e la Chiesa cooperino con le istituzioni e con sapienza affinché il nostro pianeta non diventi un posto sempre più martoriato e inospitale. Allo stesso modo, si rende necessario adoperarsi nelle politiche sociali – cosicché - il progresso tecnologico ed economico delle varie società non venga mai sganciato del tutto da un'etica di base che tenga conto delle esigenze di tutti e di ciascuno.

> Dico: "preparatevi", perché l'amore vero non si improvvisa. L'amore è fatto, oltre che di sentimento, di responsabilità, di costanza, e anche di senso del dovere. Tutto questo lo si impara attraverso l'esercizio prolungato delle virtù cristiane della fiducia, della purezza, dell'abbandono alla Provvidenza, della preghiera [...]. Strettamente connesso a questo primo valore del quale ho voluto parlare è l'altro valore che intendo sottolineare: la *seria formazione intellettuale e morale*, indispensabile per progettare e costruire il vostro futuro e quello della società [...]. La crisi di una società inizia quando essa non sa più tramandare il suo patrimonio culturale e i suoi valori fondamentali alle nuove generazioni [...]. Richiede giovani interiormente aperti, curiosi di imparare e di riportare tutto alle originarie esigenze ed evidenze del cuore. Siate davvero liberi, ossia appassionati della verità[98]. (Benedetto XVI, Insegnamenti di Benedetto XVI, Vol.IV,2-2008, Libreria Editrice Vaticana 2009, pp. 237-241.).

L'uomo contemporaneo non è il frutto del caso ma è un pensiero voluto ed amato da Dio. Solo comprendendo questa sua vocazione intima ed autentica – per papa Ratzinger – l'uomo può ritrovare il vero 'sé stesso 'e scorgere in lui l'impronta del Dio di Gesù Cristo. Ciò lo renderà pienamente e veramente umano.

Benedetto XVI è una mente geniale, aperta, che non ha mai ceduto alle lusinghe e ai ricatti dei partiti ideologici sia a livello politico che ecclesiale. Il teologo bavarese ha fatto del suo breve ma intenso pontificato dal 2005-2013, un accorato appello a non sacrificare mai i principi fondamentali e non negoziabili della fede in vista di 'beni' effimeri e passeggeri.

Egli è stato un pioniere dei seguenti principi:

- Il primato della dignità della persona umana e il rispetto della vita

[98] Benedetto XVI, Insegnamenti di Benedetto XVI, Vol.IV,2-2008, Libreria Editrice Vaticana 2009, pp. 237-241.

umana dal suo germinarsi fino al suo naturale concludersi.

- La cooperazione per il bene comune di tutti e di ciascuno, adoperandosi per essere dei veri figli della pace;
- Difesa e promozione della 'famiglia' che Dio ha istituito;
- Difesa costante del valore della libertà e della verità nell'amore verso Dio e il prossimo[99].

Nel 2012 Con la Lettera apostolica in forma di Motu proprio *Porta fidei*, Benedetto XVI indice l'Anno della fede (2012-2013). Pubblica L'infanzia di Gesù, che conclude il trittico dedicato a Gesù di Nazareth. Infine, l'11 febbraio del 2013 annuncia la sua volontà di lasciare il ministero petrino. Benedetto XVI ci lascia, dunque, un'eredità preziosa per vivere la fede in maniera autentica, responsabile e consapevole e per rispondere alle esigenze che ci vengono poste dalla post-modernità. A questo punto, sarebbe auspicabile promuovere nelle varie istituzioni: Chiesa, Scuola, famiglie, associazioni culturali, momenti di incontro e di riflessione intorno al pensiero di Benedetto XVI. Ciò, al fine di poter offrire alle giovani generazioni di credenti e non credenti delle risposte credibili e accettabili razionalmente intorno alla vita e alla fede. Ritengo sia un atto dovuto ad una delle personalità più influenti del nostro tempo.

[99] Loc.Cit.

Bibliografia essenziale

- *La Bibbia di Gerusalemme*, CEI, Bologna 2009.
- BENEDETTO XVI, "La mia eredità Spirituale, a cura di G. Vigini, edizioni san Paolo, Libreria editrice vaticana 2013.
- *Imparare a credere*, a cura di G. Vigini, Libreria Editrice Vaticana, Città del Vaticano 2012.
- *Insegnamenti*, Vol. I: 2005, Libreria Editrice Vaticana 2006.
- *Insegnamenti*, Vol. II.1: 2006, Libreria Editrice Vaticana, 2007.
- *Insegnamenti*, Vol. IV.1: 2008, Libreria Editrice Vaticana 2009.
- *Insegnamenti*, Vol. VI.1: 2010, Libreria Editrice Vaticana 2011.
- Lettera enciclica *Deus Caritas est*, Libreria Editrice Vaticana, 2006.
- Lettera Enciclica *Spe Salvi*, Libreria Editrice Vaticana, 2007.
- Lettera enciclica *Caritas in Veritate*, Libreria Editrice Vaticana 2009.
- *Introduzione al Cristianesimo,* Queriniana, Brescia, 2005.
- *Pensieri sulla Parola di Dio*, a cura di L. Coco, Libreria Editrice Vaticana, Città del Vaticano 2008.
- *Servitori della verità: Riflessioni sull'educazione*, a cura di Luciano Monari, Libreria Editrice Vaticana, Città del Vaticano 2009.
- *Sant'Agostino spiegato dal papa,* a cura di G. Vigini, Libreria Editrice Vaticana, Città del Vaticano 2010.
- *Pensieri sul Concilio Vaticano II*, a cura di L. Coco, Libreria Editrice Vaticana, Città del Vaticano 2012.

- AAVV, *Aspetti del pensiero teologico di Joseph Ratzinger* in *PATH* Pontificia Academia Theologica 1 (2007), Frascati 2007.
- OLIOSI, G., *Alla scuola di Benedetto XVI.* la forza della Tradizione, Fede & Cultura, Verona 2007.
- PONTIFICIA ACADEMIA THEOLOGICA, *Aspetti del pensiero teologico di Joseph Ratzinger*, *Path* 6 (2007) 3-253.
- ZOLLITSCH, R. *L'ABC di Joseph Ratzinger.* Un libro di consultazione da «Abbà» a «Vocazione», Libreria Editrice Vaticana, Città del Vaticano 2013.

Sitografia

- http://oikonomia.it/index.php/it/65-2015/giugno-2015/373-la-chiesa-in-italia-per-un-nuovo-umanesimo-il-quinto-convegno-ecclesiale-di-firenze

- http://www.caffarra.it/educ0901.php

- http://www.vatican.va/liturgical_year/holy-week/2005/documents/holy-week_homily-card-ratzinger_20050326_it.html

- http://www.farodiroma.it/2016/10/12/cardinale-scola-ratzinger-uno-dei-grandi-pensatori-del-900-esempio-di-grande-coraggio-e-sapienza .

Printed by Books on Demand GmbH, Norderstedt / Germany